Programmierung von Datenverarbeitungsanlagen

von

Dr. H. J. Schneider und **Dipl.-Math. D. Jurksch**

2. erweiterte Auflage

Mit 8 Tabellen und 14 Abbildungen

Sammlung Göschen Band 1225/1225 a

Walter de Gruyter & Co · Berlin 1970

vormals G. J. Göschen'sche Verlagshandlung · J. Guttentag, Verlagsbuchhandlung · Georg Reimer · Karl J. Trübner · Veit & Comp.

 — Archiv-Nr. 75 80 708. — Satz und Druck: H. Heenemann KG, Berlin 42 — Printed in Germany.

Inhaltsverzeichnis

Literaturverzeichnis

[1] *Güntsch, F. R.:* Einführung in die Programmierung digitaler Rechenautomaten. 2. Aufl., Berlin, 1963

[2] *Steinbuch, K.* (Hrsg.): Taschenbuch der Nachrichtenverarbeitung. Berlin/Göttingen/Heidelberg, 1962

[3] *Naur, P.* (Hrsg.): Revised Report on the Algorithmic Language ALGOL 60.
Numer. Mathematik 4 (1963), 420—453 und
Comm. ACM 6 (1963), 1—17

[4] FORTRAN vs. Basic FORTRAN.
Comm. ACM 7 (1964), 591—625

[5] *Backus, J. W.:* The Syntax and Semantics of the Proposed International Language of the Zurich ACM-GAMM Conference, in: Information Processing 1959, München, 1960, 125—132

[6] *Zurmühl, R.:* Praktische Mathematik für Ingenieure und Physiker. 5. Aufl., Berlin/Göttingen/Heidelberg, 1965

[7] *R. Baumann:* ALGOL-Manual der ALCOR-Gruppe, München, 1968

[8] *D. E. Knuth* et al.: A proposal for input-output conventions in ALGOL 60
Comm. Assoc. Comp. Mach. 7 (1964), 273—283

[9] Anonym: Report on input-output procedures for ALGOL 60
Comm. Assoc. Comp. Mach. 7 (1964), 628—630

Einleitung

Der vorliegende Band soll den Leser in die Programmierung digitaler Datenverarbeitungsanlagen einführen. Als Beispiel für maschinenorientierte symbolische Programmierung wird ein kurzer Überblick über die wichtigsten Einzelheiten der weit verbreiteten Assemblersprache des IBM Systems /360 gegeben. Maschinenorientiert bedeutet, daß Assemblerbefehle in der Struktur den Maschinenbefehlen ähneln, jedoch für den Benutzer leichter lesbar sind. Im Hinblick auf die Vielfalt der verschiedenen Anlagen und die damit verbundene Vielfalt der Maschinensprachen stehen aber die problemorientierten Sprachen im Vordergrund. Darunter verstehen wir Programmiersprachen, die jeweils für einen Problemkreis entwickelt wurden. Wenn der Rahmen dieses Bandes nicht gesprengt werden soll, muß ein Problemkreis ausgewählt werden. Dies seien die Aufgaben der Mathematik, Naturwissenschaft und Technik, bei deren Lösung z. Z. besonders zwei Programmiersprachen im Vordergrund stehen: ALGOL 60 und FORTRAN. Diese beiden Sprachen sind im folgenden so behandelt, daß die Abschnitte auch getrennt gelesen werden können. (Benutzt ein FORTRAN-Abschnitt Kenntnisse aus einem ALGOL-Abschnitt, so ist ein entsprechender Hinweis vorhanden.) Die in Kleindruck gesetzten Textabschnitte kann ein Leser, der ohne Vorkenntnisse beginnt, zunächst einmal überschlagen.

1. Grundbegriffe und Programmvorbereitung

1.1 Programm und Rechenformular

Die numerische Auswertung mathematischer Aufgabenstellungen kann im allgemeinen von Hilfskräften bewältigt werden, die mit dem eigentlichen Problem nicht vertraut sind. Dazu muß die Aufgabe zuvor in eine Reihe von einzelnen Rechenanweisungen (Befehle) zerlegt werden, die sich auf möglichst elementare Operationen beschränken, z. B. die vier Grundrechenoperationen und das Nachschlagen in Tabellen. Beschreibt eine solche Anweisungsfolge eine in sich abgeschlossene Aufgabe, so nennen wir sie ein Programm. Als Beispiel sei die Lösung eines linearen Gleichungssystems mit zwei Unbekannten betrachtet:

$$\begin{aligned} a\,x_1 + b\,x_2 &= e \\ c\,x_1 + d\,x_2 &= f \end{aligned}$$

Führen wir die Bezeichnungen

$$\begin{aligned} D\, &= ad-bc \\ D_1 &= ed-bf \\ D_2 &= af-ec \end{aligned}$$

ein, so ergeben sich für $D \neq 0$ die Lösungen aus der Cramerschen Regel zu

$$x_1 = \frac{D_1}{D} \text{ und } x_2 = \frac{D_2}{D}.$$

Ist jedoch $D = 0$, dann hat das Gleichungssystem im Fall $D_1 \neq 0$ und/oder $D_2 \neq 0$ keine Lösung, während im Fall $D_1 = D_2 = 0$ eine weitere Betrachtung zur Feststellung der Existenz von Lösungen durchgeführt werden muß. Diese Sonderbetrachtung soll hier aber übergangen werden.

Die nacheinander auszuführenden Operationen ergeben ein *Rechenformular* (Tab. 1). Auf Grund der angegebenen Operationen (im Beispiel ab Zeile 7) werden die in den bezeichneten Zeilen eingetragenen Zahlen (‹n› = Inhalt von Zeile n) miteinander verknüpft und das Ergebnis neben der entsprechenden Anweisung festgehalten.

Die Operationen in den Zeilen 17 bis 22 behandeln die Fragestellung $D_1 \neq 0$ und/oder $D_2 \neq 0$: Ist ‹12› $\neq 0$, dann interessiert ‹15› nicht mehr. Ist dagegen ‹12› $= 0$,

Tab. 1

Nr.	Rechenoperation	Zahlenwerte				Bemerkung
1	Ausgangswerte	−1	2	1	...	a
2		2	4	2	...	b
3		2	3	2	...	c
4		−4	2	4	...	d
5		1	14	3	...	e
6		1	13	6	...	f
7	‹2› × ‹3›	4	12	4	...	bc
8	‹1› × ‹4›	4	4	4	...	ad
9	‹8› − ‹7›	0	− 8	0	...	D
10	‹2› × ‹6›	2	52	12	...	bf
11	‹5› × ‹4›	−4	28	12	...	ed
12	‹11› − ‹10›	−6	−24	0	...	D_1
13	‹5› × ‹3›	2	42	6	...	ec
14	‹1› × ‹6›	−1	26	6	...	af
15	‹14› − ‹13›	−3	−16	0	...	D_2
16	Fortsetzung bei 23, wenn ‹9› $\neq$ 0					D $\neq$ 0?
17	Fortsetzung bei 21, wenn ‹12› $\neq$ 0					$D_1 \neq 0$?
18	Fortsetzung bei 21, wenn ‹15› $\neq$ 0					$D_2 \neq 0$?
19	Eintragen 'SB'			SB	...	Sonderbetr.
20	Fortsetzung bei 25					
21	Eintragen 'KL'	KL			...	keine Lösung
22	Fortsetzung bei 25					
23	‹12› / ‹9›		3		...	x_1
24	‹15› / ‹9›		2		...	x_2
25	Nächste Spalte beginnen bei 7					

so hängt es nur noch von ‹15› ab, ob keine Lösung existiert oder ob eine Sonderbetrachtung notwendig ist.

Überflüssig sind diese Operationen, wenn D $\neq$ 0 ist. Daher wird ihnen die Fragestellung in Zeile 16 vorausgeschickt, so daß sie für ‹9› $\neq 0$ übergangen werden können.

1.2 Aufbau einer programmgesteuerten Rechenanlage

Die Anweisungen des Rechenformulars lassen sich recht einfach und ohne Kenntnis der ursprünglichen Problemstellung mit einer Tischrechenmaschine behandeln. Die zu verarbeitenden Zahlen werden aus dem Formular abgelesen, in der Maschine eingestellt und durch Druck auf die entsprechende Operationstaste miteinander verknüpft. Das Resultat kann dann abgelesen und im Formular notiert werden. Fassen wir noch den Transport der Zahlen vom Formular zur Maschine und zurück als Operationen auf, so ist bereits in großen Zügen der Aufbau einer programmgesteuerten Rechenanlage beschrieben (Abb. 1):

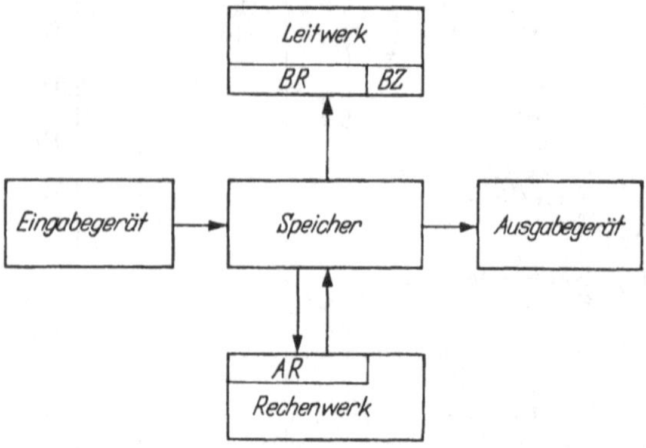

Abb. 1

Dem Rechenformular entspricht der *Speicher*. Er dient zum Aufbewahren von Informationen, z. B. Zahlen und Befehlen. Diese stehen den anderen Teilen der Anlage auf Anforderung zur Verfügung. Damit jede Information eindeutig erreichbar ist, ist der Speicher in

Einheiten unterteilt: die *Speicherzellen*. Sie entsprechen den Zeilen des Rechenformulars und sind durchnumeriert. Die Nummer einer Speicherzelle bezeichnen wir als ihre *Adresse*. Der Inhalt einer solchen Zelle heißt *Wort*. Ein grundlegender Unterschied zwischen dem Speicher und dem hier dargestellten Rechenformular besteht jedoch: Während nämlich im Rechenformular in jeder Zeile eine Operation und alle aus ihr resultierenden Ergebnisse eingetragen werden, kann eine Speicherzelle immer nur eine einzige Information — Rechenoperation oder Zahlenwert — aufnehmen. Wird eine Zelle beschrieben, so wird ihr alter Inhalt durch die neue Information ersetzt. Damit ein Programm sich nicht selbst zerstört, müssen die von ihm errechneten Zahlenwerte in anderen Speicherzellen untergebracht werden.

Das *Leitwerk* entspricht dem menschlichen Bediener. Es holt sich nacheinander die im Speicher stehenden Operationen — im folgenden auch *Befehle* genannt — in ein *Befehlsregister* BR und sorgt für ihre Ausführung. Die sequentielle Abhandlung der einzelnen Operationen wird mit Hilfe eines *Befehlszählregisters* BZ erreicht. Dieses enthält jeweils die Adresse der Speicherzelle, in der der nächste Befehl zu finden ist, und wird beim Transport dieses Befehls nach BR um 1 erhöht. Eine Sonderstellung nehmen die Sprungbefehle ein, die den BZ mit einer neuen Adresse füllen, so daß der sequentielle Programmablauf unterbrochen und das Programm an einer neuen Stelle fortgesetzt wird.

Je nach Art des Befehls werden im Speicher stehende Zahlen über ein *Rechenwerk* mit dem Inhalt eines *Akkumulatorregisters* AR verknüpft oder vom AR in den Speicher transportiert.

Ein- und *Ausgabegeräte* sorgen für die Kommunikation zwischen Rechenmaschine und Benutzer. Die Eingabegeräte besorgen den Transport der Befehle und Parameter in den Speicher, und die Ausgabegeräte übernehmen von dort die Ergebnisse. Meist werden diese

Ein- und Ausgabegeräte (kurz: E-A-Geräte) vom Leitwerk in Tätigkeit gesetzt.

Während das klassische Modell der programmgesteuerten Rechenanlage einen Speicher, ein Leitwerk und ein Rechenwerk hat, sind heute Rechner mit mehreren Speichern nicht mehr selten, und es gibt auch solche mit mehreren Rechen- oder Leitwerken. Diese erlauben, mehrere Operationen oder mehrere Programme gleichzeitig auszuführen. Im Rahmen dieser Einführung kann darauf jedoch nicht weiter eingegangen werden. Eine etwas ausführlichere Darstellung der dabei auftretenden Probleme findet sich z. B. bei [1] und [2].

1.3 Informationsdarstellung

Jede Information, sei es eine Zahl oder ein Befehl, wird durch eine nichtnegative N-stellige Zahl im Binärsystem dargestellt. N heißt Wortlänge. Die Angabe eines Unterscheidungsmerkmals zwischen Zahlen und Befehlen ist nicht notwendig: Die vom Leitwerk behandelten Speicherinhalte werden als Befehle und die ins Rechenwerk transportierten Informationen als Zahlen interpretiert.

1.3.1 Das Festpunktwort

Das *Festpunktwort* dient zur Darstellung ganzer Zahlen in der Form

$$z = b_{N-1}\, b_{N-2} \ldots b_2\, b_1\, b_0.$$

Dabei ist jedes b_i entweder 1 oder 0 und heißt *Binärstelle* oder *Bit*. z hat dann den Zahlenwert

$$z = \sum_{i=0}^{N-1} b_i\, 2^i.$$

Beispielsweise bedeutet 00...0011010 die Zahl $1 \times 2^4 + 1 \times 2^3 + 0 \times 2^2 + 1 \times 2^1 + 0 \times 2^0 = 16 + 8 + 2 = 26$. Die größtmögliche Zahl wäre

$$\sum_{i=0}^{N-1} 2^i = 2^N - 1,$$

aber es wird eine Stelle für das Vorzeichen benötigt.

Demnach ist bei einer Wortlänge N die größtmögliche darstellbare Zahl

$$2^{N-1} - (1.^{1})$$

Um negative Zahlen auszudrücken sind zwei verschiedene Darstellungen gebräuchlich. Es gibt Rechenanlagen, die beide nebeneinander erlauben, in der Regel ist aber nur eine von ihnen möglich:

Die negativen Zahlen lassen sich einmal durch das Komplement bzgl. $2^N - 1$ ausdrücken, d. h. daß jede 0 in eine 1 und jede 1 in eine 0 verwandelt wird. -26 wird als 11...1100101 dargestellt. Positive Zahlen haben dann in der vordersten Stelle eine 0, negative eine 1. Die Zahl 0 ist zweimal vorhanden:

$$+0 = 00...0000$$
$$-0 = 11...1111.$$

Die zweite Darstellung der negativen Zahlen benutzt das Komplement bzgl. 2^N. Diese Darstellung erhält man aus der ersten durch Addition einer 1. Also wird -26 durch 11...1100110 ausgedrückt. Beim 2^N-Komplement gibt es nur eine 0. Dagegen läßt sich das Komplement der dem Betrage nach größten negativen Zahl 1000..00 nicht bilden. Es entsteht ein Überlauf. Denkt man sich an irgendeiner Stelle ein Komma gesetzt, so lassen sich die Speicherinhalte auch als gebrochen rationale Zahlen interpretieren.

Um für den Benutzer eine bequemere Lesbarkeit zu erzielen, ist es üblich, extern (d. h. außerhalb der Maschine) die binären Ziffern zu Gruppen zusammenzufassen und diese durch ihre dezimalen Werte zu ersetzen[2]. Dabei haben sich vor allem die *oktale* (Zusammenfassen von 3 Ziffern) und die *hexadezimale* (Zusammenfassen von 4 Ziffern) Schreibweise durchgesetzt. Z. B. ist

$$26_{\text{dezimal}} = 11\ 010_{\text{dual}}$$
$$= 3\ \ 2_{\text{oktal}}$$

[1] Bei einigen Anlagen wird ein weiteres Bit für die Überlaufkontrolle (Überschreitung des Zahlenbereichs) verbraucht. Meistens ist hierfür jedoch eine gesonderte Anzeige üblich.

[2] Sofern die Zahl nicht ins Dezimalsystem konvertiert wird.

Im Hexadezimalsystem verwendet man für die Ziffernwerte 10 bis 15 die Buchstaben A bis F. So ergibt sich z.B.

$$26_{\text{dezimal}} = 1\ 1010_{\text{dual}}$$
$$= 1\ \ A_{\text{hexadezimal}}$$

1.3.2 Das Gleitpunktwort

Wesentlich erhöhen läßt sich der Zahlenbereich durch die halblogarithmische Notierung der von 0 verschiedenen Zahlen in der Form:

$$z = p \times B^q \quad (B > 1)$$

p heißt Mantisse und q Exponent. Um die Darstellung eindeutig zu machen, wird p normiert:

$$\frac{1}{B} \leq |p| < 1$$

Für B werden je nach der bevorzugten externen Darstellungsweise die Werte 2 (dual), 8 (oktal) oder 16 (hexadezimal) genommen. Die Mantisse hat die duale Darstellung

$$|p| = \sum_{i=-(n-1)}^{-1} b_i\, 2^i.$$

Einschließlich des Vorzeichens braucht man dazu n Stellen des Wortes. Für den Exponenten q bleiben N—n Stellen übrig. Um beim Exponenten das Vorzeichen zu sparen, ist es üblich, statt q die Charakteristik $\bar{q} = q + 2^{N-n-1}$ zu betrachten, so daß sich für q eine Variationsmöglichkeit von

$$-2^{N-n-1} \leq q \leq 2^{N-n-1} - 1$$

ergibt.

Bezüglich der Anordnung von p und $\bar{q}$ innerhalb eines Wortes haben sich verschiedene Methoden eingebürgert. Wir wollen zwei von ihnen an Beispielen demonstrieren:

Speichert man zuerst p und im Anschluß daran $\bar{q}$, so ergibt sich z. B. für N = 32, n = 24 und B = 2

26 $= 0{,}8125 \times 2^5$:

p q̄

011010000000000000000000 10000101

0,05078125 $= 0{,}8125 \times 2^{-4}$:

p q̄

011010000000000000000000 01111100

Bei negativen Zahlen wird lediglich die Mantisse p komplementiert. Verwendet man das Komplement bezüglich 2^n, so erhält man z. B.

−26 $= -0{,}8125 \times 2^5$:

p q̄

100101111111111111111111 10000101

Bei einer anderen Darstellung der Gleitpunktzahlen[3] ist die Reihenfolge von p und q vertauscht. Für das Vorzeichen v von p benutzt man das erste Bit des Wortes. Es wird B = 16 genommen, und für N = 32 ist n = 25:

26 $= 0{,}1015625 \times 16^2$:

v q̄ p

0 1000010 000110100000000000000000

0,05078125 $= 0{,}8125 \times 16^{-1}$:

v q̄ p

0 0111111 110100000000000000000000

Die negativen Zahlen erscheinen im Gegensatz zu der zuerst beschriebenen Darstellungsweise in der üblichen Form. Das bedeutet, daß z. B. bei einer Multiplikation mit −1 lediglich das Vorzeichenbit v komplementiert wird und alles andere unverändert bleibt:

−26 $= -0{,}1015625 \times 16^2$:

v q̄ p

1 1000010 000110100000000000000000

Extern wird die Mantisse für B = 16 in hexadezimaler Form angegeben:

$$|p| = \sum_{i=-\frac{n-1}{4}}^{-1} h_i\, 16^i \qquad (0 \leq h_i \leq 15),$$

[3] z. B. IBM System /360

wobei natürlich vorausgesetzt ist, daß n—1 ein ganzzahliges Vielfaches von 4 ist.

1.3.3 Das Befehlswort

Ein *Befehl* setzt sich im Normalfall zusammen aus einem *Operationsteil* und einem *Adreßteil*. Der Operationsteil bezeichnet die Art der auszuführenden Anweisung, während der Adreßteil angibt, auf welchen Speicherplätzen die Operanden stehen. Codieren lassen sich die Befehle dadurch, daß sie durchnumeriert werden und somit jedem eine Zahl zugeordnet wird. Im Speicherwort werden m Stellen für den Adreßteil reserviert und r Stellen für den Operationsteil. Dann ist etwa $m + r = N$ oder $m + r = N/2$ oder auch $m + r = 3 \times N/2$, wobei in den letzten beiden Fällen zwei Befehle in einem Wort bzw. ein Befehl in $1^1/_2$ Worten untergebracht werden. Letzteres geschieht besonders dann, wenn wie bei der Byte-Struktur (1 Byte = 8 Bit, 1 Wort = 4 Bytes) Bruchteile eines Wortes (nämlich die Bytes) direkt adressierbar sind. Auf diese Einzelheiten wollen wir in dieser Einführung jedoch nicht weiter eingehen.

1.3.4 Die Ein- und Ausgabe

Um Programme und das dazu benötigte Zahlenmaterial in die Maschine hineinzubringen, werden heute noch meist Lochstreifen oder Lochkarten benutzt. Auf diesen ist jedes einzelne Zeichen (Buchstabe, Ziffer usw.) durch eine bestimmte Lochkombination codiert. Die Lochstreifen oder -karten können von den Eingabegeräten gelesen werden. Dabei wird die auf ihnen enthaltene Information in die interne Codierung der Rechenanlage umgesetzt. Andererseits sind an die Anlage auch Geräte angeschlossen, die die Ausgabe der von der Maschine errechneten Ergebnisse auf Streifen oder Karten ermöglichen.

Als E-A-Geräte sind heute üblich:

für die Eingabe:	für die Ausgabe:
Schreibmaschine	Schreibmaschine
	Schnelldrucker (mechanisch und nichtmechanisch)
Lochstreifenleser	Lochstreifenstanzer
Lochkartenleser	Lochkartenstanzer
Analog-Digital-Umwandler	Digital-Analog-Umwandler
	Kurven- und Punktschreiber
Sichtgeräte mit Tastatur oder Lichtgriffel	Sichtgeräte

Sowohl für Ein- und Ausgabe als auch für die Zwischenspeicherung großer Datenmengen (als erweiterter Speicher) sind geeignet:

Großraumtrommel
Magnetband
Magnetplatten
Magnetkarten

Vom Programm her können sie genauso behandelt werden wie die E-A-Geräte.

1.4 Assembler-Programmierung

Unter einem Assembler versteht man ein Programm, das in einer symbolischen Sprache (Assemblersprache) geschriebene Instruktionen in den zugehörigen Maschinencode überträgt. Das Wesentliche an der Assemblersprache ist, daß sie auf dem Befehlsvorrat der betrachteten Anlage aufbaut. Die Maschinenbefehle werden in mnemotechnischer, d. h. in für den Benutzer leicht zu behaltender Form wiedergegeben, und darüber hinaus sind zusätzliche Möglichkeiten (z. B. symbolische Adressierung, Steuerbefehle, Macroinstruktionen) vorhanden, die die Assembler-Programmierung erleichtern.

Als Beispiel wollen wir die Assembler-Sprache des IBM Systems /360 betrachten. Jedoch sollen nur die notwendigsten Kenntnisse vermittelt werden, die zur Aufstellung eines Beispielprogramms führen. Die Behandlung aller Details würde hier zu weit führen, und es sei dazu auf die entsprechenden Programmierhandbücher verwiesen.

Dem Benutzer einer IBM /360-Anlage sind 16 allgemeine Register zugänglich, die von 0 bis 15 durchnumeriert sind und von denen jedes einen Umfang von 32 Bit hat. Sie dienen in erster Linie zur Aufnahme der Registeroperanden bei Festpunktoperationen und logischen Befehlen und spielen weiterhin eine wichtige Rolle bei der Adressierung von Speicheroperanden. Die meisten größeren Anlagen besitzen zusätzlich noch 4 Gleitpunktregister, die mit 0, 2, 4 und 6 bezeichnet werden und jeweils 64 Bit umfassen. Diese finden ausschließlich bei Gleitpunktoperationen Verwendung.

Die kleinste adressierbare Einheit des Speichers ist das Byte mit einem Umfang von 8 Bit. Aufeinanderfolgende Bytes werden nach gewissen Regeln zu größeren Einheiten zusammengefaßt, deren Adresse jeweils gleich der Adresse des am weitesten links stehenden Bytes der betreffenden Einheit ist. Man unterscheidet:

a) *Halbwort*
   Das Halbwort (16 Bit) besteht aus zwei Bytes, von denen die Adresse des ersten eine gerade ganze Zahl ist.

b) *Wort*
   Vier aufeinanderfolgende Bytes bilden ein Wort (32 Bit), wenn die Adresse des ersten Bytes ein ganzzahliges Vielfaches von 4 ist.

c) *Doppelwort*
   Ein Doppelwort (64 Bit) ist die Zusammenfassung von acht Bytes, von denen die Adresse des am weitesten links stehenden ein ganzzahliges Vielfaches von 8 ist.

d) *Feld*
   Ein Feld kann an einer beliebigen Stelle des Speichers beginnen. Ebenso ist die Anzahl der Bytes, aus denen es sich zusammensetzt, beliebig. Sie darf jedoch nicht größer als 256 sein.

Eine Speicheradresse S wird in der Form d (x, b) bzw. d (b) angegeben, je nachdem ob sie indiziert ist oder nicht. Einzelne Teile können auch weggelassen werden, so daß die folgenden Möglichkeiten einer Adressenangabe bestehen:

d
d(b)
d(x)
d(,b)
d(x,b)

d heißt *Distanzadresse* und ist eine ganze Zahl zwischen 0 und 4095. x ist die Nummer eines der von 0 verschiedenen allgemeinen Register und enthält in den untersten 24 Bit die *Indexadresse*. b stellt ebenfalls eins der allgemeinen Register $\neq 0$ dar, das in den untersten 24 Bit die *Basisadresse* enthält. Aus diesen drei möglichen Komponenten wird die effektive Speicheradresse S durch Addition gebildet:

$$d + \langle x \rangle_{8\ldots31} + \langle b \rangle_{8\ldots31}$$ [4]

Ein eventuell entstehender Überlauf bleibt unberücksichtigt. Das Ergebnis umfaßt immer 24 Bit.

Statt einer expliziten Adressenangabe können auch Namen verwendet werden. Ein Name besteht aus einer Aneinanderreihung von maximal 8 Buchstaben und Ziffern, deren erstes Zeichen ein Buchstabe sein muß. Einem Namen wird vom Assembler ein expliziter Wert der Form d(b) zugeordnet, indem man ihn vor die durch ihn zu adressierende Einheit (Operation, Feld, Wort, usw.) setzt. Dem Assembler muß lediglich mitgeteilt werden, welches der allgemeinen Register für b verwendet werden darf. Der Befehl

USING PRGBA,2

besagt z. B., daß von der Stelle PRGBA ab bei allen Adressenzuordnungen das Register 2 benutzt werden soll.

Die Operationen des Systems /360 gliedern sich in fünf verschiedene Typen auf, je nachdem von welcher Art die Operanden sind bzw. wie sie adressiert werden. Operationen des RR-Formats verknüpfen zwei in Registern stehende Operanden, die wir symbolisch mit r_1 und r_2 bezeichnen wollen. Bei den Operationen der Formate RX und RS steht jeweils nur ein Operand in einem Register r während der andere im Speicher zu finden ist. Manche RS-Befehle sprechen auch drei Operanden an, wobei der dritte dann wieder ein Registeroperand ist. Beim SI-Format wird eine im Befehl selbst enthaltene Zahl mit einem Speicherinhalt verknüpft, und beim SS-Format schließlich stehen beide Operanden im Speicher.

Nachfolgend wollen wir einige Befehle des Systems /360 zusammenstellen. Die mnemotechnischen Abkürzungen stammen aus dem Englischen und stimmen daher nicht immer mit den angegebenen Erklärungen überein.

---

[4] Die Bits eines Wortes werden von links nach rechts mit 0 beginnend numeriert. $\langle x \rangle_{8\ldots31}$ bedeutet: Inhalt der Bits 8 bis 31 von Register x.

Bei den Festpunktoperationen wird mit r, r_1 und r_2 immer eins der allgemeinen Register angesprochen:

LR	r_1,r_2	$\langle r_2\rangle \to r_1$	Laden Register
LH	r,d(x,b)	$\langle S\rangle \to r$	Laden Halbwort
L	r,d(x,b)	$\langle S\rangle \to r$	Laden Wort
LA	r,d(x,b)	$S \to r$	Laden Adresse
LCR	r_1,r_2	$-\langle r_2\rangle \to r_1$	Laden Komplement*
LPR	r_1,r_2	$\lvert\langle r_2\rangle\rvert \to r_1$	Laden positiv*
LNR	r_1,r_2	$-\lvert\langle r_2\rangle\rvert \to r_1$	Laden negativ*
STH	r,d(x,b)	$\langle r\rangle_{16\ldots31} \to S$	Speichern Halbwort
ST	r,d(x,b)	$\langle r\rangle \to S$	Speichern Wort
AR	r_1,r_2	$\langle r_1\rangle + \langle r_2\rangle \to r_1$	Addieren Register*
AH	r,d(x,b)	$\langle r\rangle + \langle S\rangle \to r$	Addieren Halbwort*
A	r,d(x,b)	$\langle r\rangle + \langle S\rangle \to r$	Addieren Wort*
SR	r_1,r_2	$\langle r_1\rangle - \langle r_2\rangle \to r_1$	Subtrahieren Register*
SH	r,d(x,b)	$\langle r\rangle - \langle S\rangle \to r$	Subtrahieren Halbwort*
S	r,d(x,b)	$\langle r\rangle - \langle S\rangle \to r$	Subtrahieren Wort*
MR	r_1,r_2	$\langle r_1+1\rangle \times \langle r_2\rangle \to r_1,r_1+1$	Multiplizieren Register
MH	r,d(x,b)	$\langle r\rangle \times \langle S\rangle \to r$	Multiplizieren Halbwort
M	r,d(x,b)	$\langle r+1\rangle \times \langle S\rangle \to r,r+1$	Multiplizieren Wort
DR	r_1,r_2	$\langle r_1,r_1+1\rangle/\langle r_2\rangle \to r_1+1$ Rest in r_1	Dividieren Register
D	r,d(x,b)	$\langle r,r+1\rangle/\langle S\rangle \to r+1$ Rest in r	Dividieren Wort
CR	r_1,r_2	$\langle r_1\rangle \gtreqless \langle r_2\rangle \to C$	Vergleichen Register*
CH	r,d(x,b)	$\langle r\rangle \gtreqless \langle S\rangle \to C$	Vergleichen Halbwort*
C	r,d(x,b)	$\langle r\rangle \gtreqless \langle S\rangle \to C$	Vergleichen Wort*

Bei den mit * bezeichneten Befehlen wird eine besondere Anzeige in einem Konditionsregister C gesetzt, je nachdem, ob das Ergebnis der Operation positiv, Null oder negativ ist. Den Inhalt von C kann man durch besondere Sprungbefehle abfragen, die weiter unten besprochen werden. Bei den Instruktionen MR, M, DR und D muß r_1 bzw. r stets ein geradzahliges Register sein. Mit r,r+1 wird angedeutet, daß die Register r und r+1 hintereinandergeschaltet werden und für diese Operation als ein doppelt langes Register aufzufassen sind.

Bei den Gleitpunktbefehlen wird mit r, r_1 und r_2 immer eins der Gleitpunktregister angesprochen. Jede Operation ist in einer Version für einfach lange und in einer Version für doppelt lange Zahlen vorhanden, wobei im ersten Fall immer nur die erste Hälfte des Registers benutzt wird.

LER	r_1,r_2	$\langle r_2\rangle \rightarrow r_1$	Laden einf. Register
LE	r,d(x,b)	$\langle S\rangle \rightarrow r$	Laden einf. Wort
LCER	r_1,r_2	$-\langle r_2\rangle \rightarrow r_1$	Laden Kompl. einf.*
LPER	r_1,r_2	$\lvert\langle r_2\rangle\rvert \rightarrow r_1$	Laden pos. einf.*
LNER	r_1,r_2	$-\lvert\langle r_2\rangle\rvert \rightarrow r_1$	Laden neg. einf.*
STE	r,d(x,b)	$\langle r\rangle \rightarrow S$	Speichern Wort einf.
AER	r_1,r_2	$\langle r_1\rangle + \langle r_2\rangle \rightarrow r_1$	Addieren einf. Reg.*
AE	r,d(x,b)	$\langle r\rangle + \langle S\rangle \rightarrow r$	Addieren einf. Wort*
SER	r_1,r_2	$\langle r_1\rangle - \langle r_2\rangle \rightarrow r_1$	Subtrahieren einf. Reg.*
SE	r,d(x,b)	$\langle r\rangle - \langle S\rangle \rightarrow r$	Subtrahieren einf. Wort*
MER	r_1,r_2	$\langle r_1\rangle \times \langle r_2\rangle \rightarrow r_1$	Multiplizieren einf. Reg.
ME	r,d(x,b)	$\langle r\rangle \times \langle S\rangle \rightarrow r$	Multiplizieren einf. Wort
DER	r_1,r_2	$\langle r_1\rangle/\langle r_2\rangle \rightarrow r_1$	Dividieren einf. Reg.
DE	r,d(x,b)	$\langle r\rangle/\langle S\rangle \rightarrow r$	Dividieren einf. Wort
CER	r_1,r_2	$\langle r_1\rangle \gtreqless \langle r_2\rangle \rightarrow C$	Vergleichen einf. Reg.*
CE	r,d(x,b)	$\langle r\rangle \gtreqless \langle S\rangle \rightarrow C$	Vergleichen einf. Wort*

Die mit * versehenen Operationen setzen das Konditionsregister C. Bei den Befehlen zur Behandlung doppelt langer Zahlen ist in der mnemontechnischen Form das E durch ein D ersetzt. Wir brauchen sie daher nicht gesondert aufzuführen.

Die Sprungbefehle unterbrechen den normalen Programmablauf und veranlassen, daß an der Stelle S des Speichers fortgefahren wird. r, r_1 und r_2 bedeuten hier wieder allgemeine Register.

BR	r	Springen ohne Bedingung nach $\langle r\rangle$, d. h. $\langle r\rangle \rightarrow BZ$
B	d(x,b)	Springen ohne Bedingung nach S, d. h. $S \rightarrow BZ$
BO	d(x,b)	Springen nach S, falls Überlauf
BP	d(x,b)	Springen nach S, falls positiv
BM	d(x,b)	Springen nach S, falls negativ
BZ	d(x,b)	Springen nach S, falls Null
BH	d(x,b)	Springen nach S, falls größer
BL	d(x,b)	Springen nach S, falls kleiner
BE	d(x,b)	Springen nach S, falls gleich

Die bedingten Sprungbefehle reagieren nur auf den entsprechenden Inhalt des Konditionsregisters C. Zusätzlich sind noch zwei Unterprogrammsprünge vorhanden:

BALR r_1,r_2 }
BAL $r,d(x,b)$ } Springen und laden Folgeadresse

Sie bewirken einen Sprung nach $\langle r_2 \rangle$ bzw. S und notieren gleichzeitig die normale Fortsetzung ⟨BZ⟩ in r_1 bzw. r. Dadurch ist es möglich, nach der Ausführung der neu aufgenommenen Befehlsfolge durch BR r_1 bzw. BR r die unterbrochene wieder aufzunehmen. Ein Sonderfall ist $r_2 = 0$: Bei BALR r_1,0 wird zwar nach r_1 die Folgeadresse geladen, aber kein Sprung ausgeführt. Man benutzt diesen Befehl gewöhnlich zum Laden der Basisadresse in das dafür vorgesehene Register.

Alle bisher aufgeführten Befehle gehören zum Format RR oder RX. Als Beispiele für die Formate SI und SS soll noch je eine Operation behandelt werden:

MVI	$d(b),i$	$i \rightarrow S$	Übertragen Zeichen direkt
MVC	$d_1(l,b_1),d_2(b_2)$	$\langle S_2 \rangle \rightarrow S_1$	Übertragen Zeichen

Bei MVI wird das im Befehl angegebene Zeichen, das beispielsweise ein Buchstabe oder ein Binärmuster sein kann, direkt in das Byte mit der Adresse $S = d(b)$ übertragen. MVC überträgt das l Bytes lange Feld an der Adresse $S_2 = d_2(b_2)$ in das gleich lange Feld an der Adresse $S_1 = d_1(b_1)$.

Zur Aufstellung eines funktionsfähigen Programms gehört oft noch die Reservierung von Speicherplatz für die Aufnahme von Daten oder das Abspeichern von während der Rechnung benötigten Konstanten. Dazu dienen die Assemblerinstruktionen DS *(Definieren Speicher)* und DC *(Definieren Konstante)*. Die zu diesen Befehlen gehörenden Operanden entsprechen der Art der abzuspeichernden Daten. Die Aufnahme alphanumerischer Zeichen charakterisiert ein C, das Abspeichern einfach langer Gleitpunktzahlen ein E. Im Falle der Operation DC wird dahinter noch eingeschlossen in Apostrophe die Zeichenfolge bzw. die Zahl angegeben. Näheres ist aus dem Programmbeispiel in Tab. 2 zu ersehen.

Den physikalischen Beginn eines Programms kennzeichnet der Befehl START, das physikalische Ende die Instruktion END. Hinter END kann auch mittels einer symbolischen Adresse der logische Programmanfang angegeben werden, während das logische Programmende durch den Befehl EOJ[5] bewirkt wird.

[5] Das bei den Betriebssystemen BOS, DOS und TOS verwendete EOJ wird bei OS durch RETURN ersetzt.

Unser Beispiel aus 1.1 ist in leicht variierter Form in Tab. 2 als System /360-Assembler-Programm wiedergegeben. Zum Ausführen des Programms für andere Zahlenbeispiele brauchen nur die Speicherinhalte an den Adressen A, B, C, D, E und F abgeändert zu werden, was durch Einführen geeigneter Eingabeinstruktionen zu erreichen ist. Durch entsprechende Operationen lassen sich auch die Ergebnisse auf einem Drucker ausgeben.

Tab. 2

Adresse	Befehl		Erklärung
	START		
	USING	PRGBA,2	Definition Basisregister
PRGST	BALR	2,0	Laden Basisregister
PRGBA	LE	6,B	b → Reg.6
	ME	6,C	bc → Reg.6
	LE	0,A	a → Reg.0
	ME	0,D	ad → Reg.0
	SER	0,6	ad−bc → Reg.0
	LE	6,B	b → Reg.6
	ME	6,F	bf → Reg.6
	LE	2,E	e → Reg.2
	ME	2,D	ed → Reg.2
	SER	2,6	ed−bf → Reg.2
	LE	6,E	e → Reg.6
	ME	6,C	ec → Reg.6
	LE	4,A	a → Reg.4
	ME	4,F	af → Reg.4
	SER	4,6	af−ec → Reg. 4
	LPER	6,0	$\lvert ad-bc \rvert$ → Reg.6
	CE	6,EPS	Vergl. Reg.6 u. ε
	BL	PRGP2	Sprung, falls $\lvert ad-bc \rvert < \varepsilon$
	LPER	6,2	$\lvert ed-bf \rvert$ → Reg.6
	CE	6,EPS	Vergl. Reg.6 u. ε
	BL	PRGP1	Sprung, falls $\lvert ed-bf \rvert < \varepsilon$
	LPER	6,4	$\lvert af-ec \rvert$ → Reg.6
	CE	6,EPS	Vergl. Reg.6 u. ε
	BL	PRGP1	Sprung, falls $\lvert af-ec \rvert < \varepsilon$
	MVI	ART,C'S'	Sonderbetrachtung
	EOJ		Programmende
PRGP1	MVI	ART,C'K'	keine Lösung
	EOJ		Programmende

Adresse	Befehl		Erklärung
PRGP2	MVI	ART,C'L'	Lösung
	DER	2,0	(ed−bf)/(ad−bc) → Reg.2
	STE	2,X1	(ed−bf)/(ad−bc) → X1
	DER	4,0	(af−ec)/(ad−bc) → Reg.4
	STE	4,X2	(af−ec)/(ad−bc) → X2
	EOJ		Programmende
EPS	DC	E'1E−10'	Konstante $\varepsilon = 10^{-10}$
A	DC	E'2'	Speicher für a
B	DC	E'4'	Speicher für b
C	DC	E'3'	Speicher für c
D	DC	E'2'	Speicher für d
E	DC	E'14'	Speicher für e
F	DC	E'13'	Speicher für f
ART	DS	C	Speicher für Lösungsart
X1	DS	E	Speicher für x_1
X2	DS	E	Speicher für x_2
	END	PRGST	

1.5 Flußdiagramme

Die Befehlsliste einer programmgesteuerten Rechenanlage hängt von speziellen technischen Eigenarten der Maschine ab. Bei den verschiedenen Anlagen unterscheiden sich daher die Befehlslisten im Umfang und auch in der Art vieler Operationen, so daß die für einen Rechner angefertigten Programme in der Regel an keinem anderen verwendbar sind. Es ist daher vorteilhaft, ein gegebenes Problem zunächst in einer Form zu notieren, die einerseits von einem speziellen Befehlscode unabhängig ist, andererseits aber den Programmablauf bis in alle Einzelheiten wiedergibt.

Hierzu eignen sich besonders die von *Goldstine* und *v. Neumann* eingeführten *Flußdiagramme*. Die Grundelemente, die an dieser Stelle besprochen werden sollen, sind die allgemeine Anweisung, die Verzweigung und die Anschlußstelle.

Für die *allgemeinen Anweisungen* (insbesondere die arithmetischen Anweisungen) sind rechteckige Kästchen vorgesehen mit einem Eingangspfeil und einer Ausgangslinie (Abb. 2a). Dabei bedeutet ⇐, daß der Variablen links der Wert des rechts stehenden Ausdrucks zugeordnet wird. Wenn a den Wert 2 hat, so bedeutet y ⇐ a + 3, daß von dieser Stelle des Programmablaufs an y den Wert 5 hat.

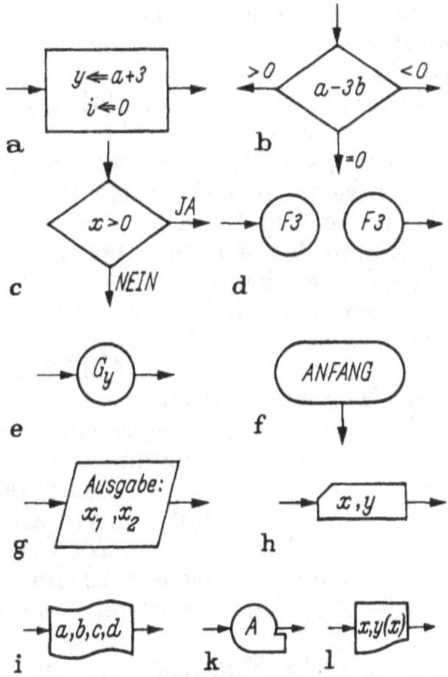

Abb. 2 (a–l)

Für die *Verzweigung* sei ein Kästchen mit einem Eingangspfeil, aber mehreren Ausgangslinien verwandt (Abb. 2b, c). Die Bedingungen, die den einzelnen Ausgangslinien zugeordnet sind, müssen so formuliert sein, daß in jedem Fall genau eine Bedingung erfüllt ist. Der Programmablauf folgt dann dieser Ausgangslinie.

Die *Anschlußstelle* besteht aus einem Ausgangskreis (mit einem Eingangspfeil) und einem Eingangskreis (mit einer Ausgangslinie) (Abb. 2d). Ein solches, durch einen gemeinsamen Namen im Kreis ausgezeichnetes Kreispaar steht für eine direkte Verbindung, ohne daß es einer Verbindungslinie bedarf. Umfangreiche Flußdiagramme lassen sich so übersichtlicher gestalten. Jeder Name darf nur in einem Eingangskreis, wohl aber in mehreren Ausgangskreisen erscheinen. Als Sonderfall sind ein Ausgangskreis und der Eingangskreis zusammengezogen (Abb. 2e). In diesem Fall kann das Symbol auch dazu dienen, einer Stelle im Flußdiagramm einen Namen zu geben, z. B. Gy.

Die *Grenzstelle* (Abb. 2f) dient zur Kennzeichnung von Anfang und Ende eines Programmablaufs, während das Sinnbild in Abb. 2g für *Ein-* und *Ausgabe* vorgesehen ist. Will man das Medium, über das die Eingabe bzw. die Ausgabe geschieht, näher präzisieren, so ist es auch üblich Sondersymbole zu verwenden: *Lochkarte* (Abb. 2h), *Lochstreifen* (Abb. 2i), *Magnetband* (Abb. 2k) und *Drucker* oder *Schreibmaschine* (Abb. 2l).

Mit diesen Elementen lassen sich nun Programmabläufe beschreiben. Dabei unterscheidet man *Geradeausprogramme* und *zyklische* Programme. In einem zyklischen Programm erfolgt einmal oder mehrmals ein Rücksprung zu einem vorhergehenden Punkt des Programmablaufs, so daß ein Teil des Programms mehrfach durchlaufen wird (Schleife). Dagegen wird im Geradeausprogramm jede Anweisung höchstens einmal durchlaufen.

Als Beispiel sei ein Flußdiagramm zu dem bisher betrachteten Problem (Lösung eines Gleichungssystems) angegeben, wobei nun aber nacheinander 10 Gleichungssysteme zu lösen seien (Abb. 3). Dieses Programm ist zwischen den Grenzstellen ANFANG und ENDE zyklisch, während es zwischen Z und U als Geradeausprogramm verläuft.

Nachdem ein Programm durch ein Flußdiagramm beschrieben ist, muß es von Hand in den Befehlscode einer speziellen Maschine übersetzt werden, ehe es von

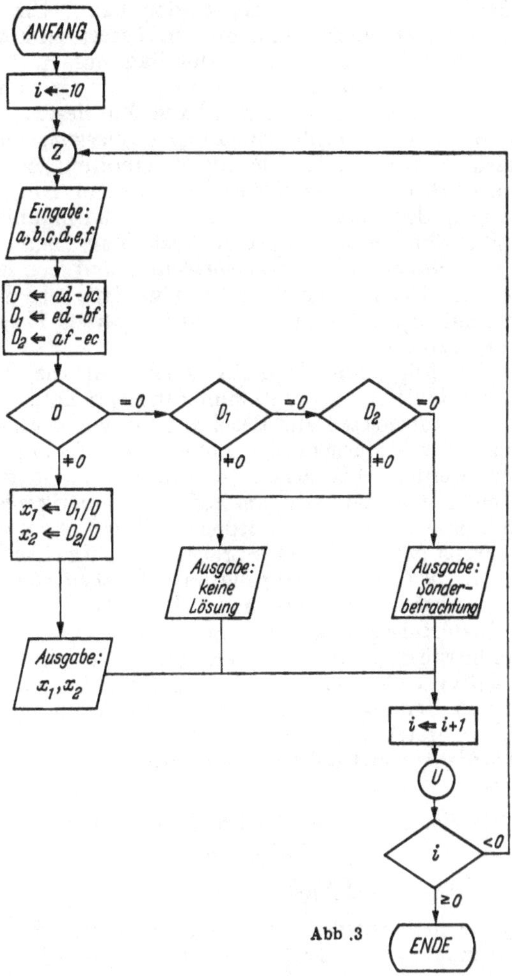
ANFANG
i ⇐ -10
Z
Eingabe:
a, b, c, d, e, f
D ⇐ ad - bc
D1 ⇐ ed - bf
D2 ⇐ af - ec
D
= 0
≠ 0
D1
= 0
≠ 0
D2
= 0
≠ 0
x1 ⇐ D1/D
x2 ⇐ D2/D
Ausgabe:
keine
Lösung
Ausgabe:
Sonder-
betrachtung
Ausgabe:
x1, x2
i ⇐ i+1
U
i
< 0
≥ 0
ENDE

Abb .3

der Rechenanlage behandelt werden kann. Um auch diesen Übersetzungsvorgang automatisieren zu können, ist es notwendig, die in den Flußdiagrammen übliche Notierungsweise so zu modifizieren, daß sie von den Eingabegeräten gelesen werden kann. Zu diesem Zweck wurden eine ganze Reihe von *Programmierungssprachen* entwickelt, von denen jede zur Behandlung eines bestimmten Problemkreises, wie er sich z. B. aus Aufgabenstellungen der mathematischen oder kaufmännischen Praxis ergibt, besonders geeignet ist. Man nennt diese Sprachen daher auch *problemorientiert* und bezeichnet analog den Befehlscode einer Rechenanlage und darauf aufbauende Sprachen als *maschinenorientierte Programmierungssprachen.*

In den folgenden Kapiteln wollen wir die beiden problemorientierten Programmierungssprachen erläutern, die am meisten zur Beschreibung von Aufgabenstellungen aus Mathematik, Physik und Technik verwendet werden. *ALGOL 60* (Algorithmic language) ist von einer Gruppe europäischer und amerikanischer Wissenschaftler definiert worden [3]. Der Vorteil dieses Verfahrens ist, daß die Sprache fest umrissen ist. *FORTRAN* (Formula translation) ist dagegen niemals definiert worden, sondern hat sich im Laufe der Zeit den Bedürfnissen der Programmierer entsprechend weiterentwickelt. Der Nachteil dieses Verfahrens ist, daß FORTRAN von Maschine zu Maschine und erst recht von Hersteller zu Hersteller verschieden aussieht. Erst in letzter Zeit ist eine ASA-Norm (American Standards Association) geschaffen worden [4].

2. Der elementare Teil der Programmierungssprache ALGOL 60

2.1 Namen und Zahlen

Analog den Adressen in einem Maschinenprogramm benutzen wir bei ALGOL 60 Namen, um den Aufbewahrungsort einer Zahl, eine Programmstelle oder auch einen Programmteil zu kennzeichnen.

Ein solcher *Name* besteht aus einer beliebig langen Kette von großen und kleinen Buchstaben und Ziffern, deren erstes Symbol stets ein Buchstabe sein muß.

So können z. B. verwendet werden:

a | alpha | Matrix | r2B45 | b01.[1]

Die meisten ALGOL-Übersetzer lassen nur die großen oder nur die kleinen Buchstaben zu oder betrachten sie als identisch. In diesen Fällen sind die Namen

Matrix | MATRIX | matrix

identisch. Einigen Namen ist eine feste Bedeutung vorbehalten (s. 2.2.2, 2.3.2 und 4.4):

ALGOL: abs | sqrt | sin | cos | arctan | ln | exp | sign | entier

ALCOR: read | print | write[2]

IFIP: insymbol | inreal | inarray | outsymbol | outreal | outarray | length | ininteger | inboolean | outinteger | outboolean

ACM: input n | output n | format n, wobei n jeweils für eine Ziffer steht. Ferner: inlist | outlist | format | hend | vend | hlim | vlim | nodata.

Um Verwechslungen zu vermeiden, dürfen diese Namen sonst nicht verwendet werden.

Die zu verarbeitenden Informationen sind häufig Zahlen.

Die *Zahlen* werden im Dezimalsystem angegeben und haben im allgemeinsten Fall die Form einer

[1] In Aufzählungen werden wir als Trennzeichen einen senkrechten Strich benutzen, da die anderen üblichen Symbole – wie Komma – selbst Symbole der Programmierungssprachen sind.

[2] ALCOR = Algol Converter: Das ist eine Gruppe von Rechnerfirmen und -benutzern, die sich auf einige, in Europa weit verbreitete ALGOL-Einschränkungen geeinigt haben. [7]
IFIP = International Federation for Information Processing [8]
ACM = Association for Computing Machinery [9]

Gleitpunktzahl: Von einer Mantisse (in der statt des Kommas der im englischen Sprachbereich übliche Punkt gesetzt wird) ist der Zehnerexponent durch eine tiefgestellte 10 getrennt.

Die Zahl 0,03456 könnte als

$+3.456_{10} - 2$ | 0.03456 | $0.003456_{10}1$

geschrieben werden. Unwesentliche Teile einer Zahl können weggelassen werden. Beispiele sind:

0 | 177 | −551 | 200.084 | −.321 | $-_{10}-4$ | $2_{10}5$.

Enthält eine Zahl einen Punkt oder einen Exponententeil, so wird sie als Gleitpunktzahl betrachtet, andernfalls als Festpunktzahl.

2.2 Einfache arithmetische Ausdrücke

2.2.1 Variable und Vereinbarungen

Eine *Variable* kennzeichnet den Speicherplatz, in dem eine Information (ihr momentaner Wert) aufbewahrt wird. Wird einer Variablen im Verlauf des Programmes ein Wert zugewiesen, so behält sie diesen, solange er nicht durch eine andere Anweisung ausdrücklich geändert wird. Man unterscheidet einfache und indizierte Variablen.

Einfache Variablen werden durch einen Namen gekennzeichnet und stehen für einen einzelnen Momentanwert.

Beispiele: A | X | I | A3

Indizierte Variablen dagegen stehen für mehrere unter dem gleichen Namen in einem *Feld* zusammengefaßte Momentanwerte. Der Variablenname bezeichnet hier den Datensatz in seiner Gesamtheit, während durch eine in eckigen Klammern angegebene Indexliste eine bestimmte Komponente des Feldes herausgegriffen wird:

a[3] | X[I, 4, k + 1].

Die Indizes werden durch Kommata voneinander getrennt. Sie können durch ganze Zahlen (Festpunktzahlen gemäß 1.3.1), die augenblicklichen Werte einfacher oder indizierter Variablen oder auch durch die noch zu besprechenden arithmetischen Ausdrücke dargestellt werden. Ihre Anzahl bezeichnen wir als Dimension des Feldes. Also verstehen wir unter a[3] die dritte Komponente des eindimensionalen Feldes a, während sich bei B[IND[i, k]] die gewünschte Komponente von B aus dem Wert ergibt, welcher an der durch i und k gekennzeichneten Stelle des zweidimensionalen Feldes IND steht[3]. Die ein- und zweidimensionalen Felder entsprechen den Vektoren bzw. Matrizen.

Die beiden verschiedenen Zahlendarstellungen mit Festpunkt und Gleitpunkt, die wir kennengelernt haben, bewirken bei ALGOL 60 die Einführung zweier Zahlentypen: ganze Zahlen (ALGOL-Bezeichnung: **integer**) und reelle Zahlen (**real**), die wegen der endlichen Länge ihrer Mantisse eigentlich rationale Zahlen sind. Bei allen Variablen muß man sich von vornherein entscheiden, für welchen dieser beiden Zahlentypen sie stehen sollen. Dies geschieht in der *Typenvereinbarung*. Man benutzt dazu Symbole, die der englischen Sprache entnommen sind und zur Unterscheidung von Namen fettgedruckt oder (bei handschriftlicher Notierung) unterstrichen werden.

Für die einfachen Variablen besteht eine solche *Vereinbarung* aus einem der Typenvereinbarungszeichen (**integer** | **real**) und einer Liste der Variablen, für die dieser Zahlentyp gilt. Jede Vereinbarung wird durch ein Semikolon von der ihr folgenden getrennt.

Z. B. legt man sich mit

integer i, eps, k; **real** A3, SuM, r

für die Variablen i, eps und k auf den Typ **integer** und für A3, SuM und r auf den Typ **real** fest.

---

[3] Ergibt der Index rechnerisch keine ganze Zahl, so wird er gemäß den üblichen Regeln gerundet.

Bei Feldern reicht die Typenvereinbarung noch nicht aus. Wir müssen in einer Feldvereinbarung festlegen:

a) den Typ des Feldes, d. h. den Typ seiner Komponenten,
b) die Angabe, daß es sich um ein Feld handelt,
c) den Namen des Feldes,
d) die Dimensionen des Feldes,
e) in welchen Grenzen die Indizes variieren sollen.

> Die *Feldvereinbarung* hat die Form
> Typ **array** Name $[l_1 : u_1, l_2 : u_2, \ldots, l_n : u_n]$.
> Die Anzahl der Indexgrenzenpaare $l_i : u_i$, die den i-ten Index k_i auf den Bereich $l_i \leq k_i \leq u_i$ festlegen, gibt gleichzeitig die Dimension des Feldes an. Bei reellen Feldern darf der Typ **real** fehlen.

Auf diese Weise wird z. B. durch

real array alpha[1 : 15, 0 : 4]
oder **array** alpha[1 : 15, 0 : 4]

unter dem Namen alpha ein zweidimensionales Feld mit $15 \times 5 = 75$ reellen Komponenten vereinbart, dessen erster Index zwischen 1 und 15 und dessen zweiter zwischen 0 und 4 einschließlich variiert. Durch

integer array R2[−7 : 8]

wird ein eindimensionales Feld mit 16 ganzzahligen Komponenten vereinbart, von denen jede unter dem Namen R2 mit einem zwischen −7 und +8 liegenden Index erreichbar ist.

Haben mehrere Felder den gleichen Typ, so kann wie bei der Vereinbarung für einfache Variablen eine Liste angelegt werden:

array a[1 : 4], b[−3 : 5, 1 : 2], c[17 : 34].

Sind zusätzlich für mehrere Felder auch die gleichen Indexgrenzen vorgesehen, so brauchen diese nicht bei jedem Namen neu angeführt zu werden. In einem solchen Fall werden zunächst in einer Liste die Variablennamen angegeben und dann die Indexgrenzen. Nach der Vereinbarung

array a, b, c[1 : 10], d, e[17 : 20, −3 : 0]

darf der Index der drei eindimensionalen Felder a, b und c zwischen 1 und 10 variieren, während für d und e die am Schluß angegebenen Grenzenpaare gültig sind.

2.2.2 Standardfunktionen

Gewisse Funktionen, die bei mathematischen Aufgabenstellungen häufig gebraucht werden, sind bei ALGOL 60 ohne weiteres verfügbar.

Durch den Namen wird die Art der Rechenvorschrift gekennzeichnet, die auf das dahinter in runden Klammern anzugebende Argument angewandt werden soll. Dieses ist ein beliebiger arithmetischer Ausdruck (s. 2.2.4) vom Typ **integer** oder **real.**

Die Bedeutung der Namen ist in Tab. 3 zusammengestellt.

Tab. 3

ALGOL-Funktion	mathemat. Schreibweise	Bemerkungen
abs(x)	$\|x\|$	—
sqrt(x)	$\sqrt{x}$	verlangt ein nichtnegatives Argument
sin(x)	sin x	Argument im Bogenmaß
cos(x)	cos x	Argument im Bogenmaß
arctan(x)	arctg x	liefert den Hauptwert
ln(x)	ln x	verlangt ein positives Argument
exp(x)	e^x	—
sign(x)	sign x	liefert 1 bei $x > 0$, 0 bei $x = 0$ und -1 bei $x < 0$
entier(x)	[x]	liefert die größte ganze Zahl, die nicht größer als x ist

Das Ergebnis ist bei *sign* und *entier* stets vom Typ **integer,** während es bei den übrigen Funktionen vom Typ **real** ist.

entier bedarf noch einer näheren Erläuterung. Diese Funktion liefert die größte ganze Zahl, die kleiner oder gleich dem Argument ist:

entier(3.4) = 3
entier(−3.4) = − 4
entier(3) = 3

Diese Funktion überführt also einen gegebenen Wert vom Typ **real** in einen vom Typ **integer**, und man nennt sie daher Übertragungsfunktion. Der umgekehrte Vorgang, eine Zahl k vom Typ **integer** in den Typ **real** zu überführen, kann z. B. durch

k × 1.0 oder sign(k) × abs(k)

erreicht werden.

2.2.3 Arithmetische Operatoren

Mit Hilfe arithmetischer Operatoren wird zu einem oder zwei Operanden ein neuer Wert berechnet. Bei ALGOL 60 werden die Symbole

+ | − | × | / | ÷ | ↑

benutzt, um Addition, Subtraktion, Multiplikation, Division, ganzzahlige Division und Potenzierung zu kennzeichnen. Die ersten vier dieser Operationen werden wie üblich verwandt.

Der Operator ÷ ist nur für zwei Operanden vom Typ **integer** definiert und liefert ein Ergebnis vom gleichen Typ. Mit den anderen Operationen und den Funktionen läßt sich seine Wirkung wie folgt beschreiben: a ÷ b ist gleichbedeutend mit

sign(a/b) × entier(abs(a/b))

Demnach gilt

15 ÷ 4 = 3
(−15) ÷ 4 = − 3
15 ÷ (−4) = − 3
(−15) ÷ (−4) = 3

Das Potenzzeichen wird benutzt in der Form

‹Basis› ↑ ‹Exponent›.

(Die spitzen Klammern benutzen wir, um in sog. metalinguistischen Formeln Begriffe zu kennzeichnen, die nicht unmittelbar ALGOL-Symbole sind.) In der üblichen mathematischen Schreibweise hat a ↑ b die Gestalt a^b. Folgen mehrere Potenzierungen unmittelbar aufeinander, so werden die Operationen von links nach rechts ausgeführt. a ↑ b ↑ c ist z. B. die ALGOL-Schreibweise für $(a^b)^c = a^{bc}$.

2.2.4 Zusammensetzung arithmetischer Ausdrücke

Ein *arithmetischer Ausdruck* ist eine Vorschrift zur Bestimmung eines neuen Momentanwertes aus bekannten. Er besteht aus Konstanten, Variablen und Funktionsbezeichnungen, die durch arithmetische Operatoren miteinander verknüpft werden. Den auftretenden Variablen muß vorher ein Wert zugewiesen worden sein.

Der Ausdruck wird unter Beachtung einer Vorrangordnung ausgewertet. Nach dieser wird ↑ ausgeführt vor × | / | ÷, und letztere stehen wiederum eine Stufe höher als + und −:

1. ↑
2. × | / | ÷
3. + | −

Folgen mehrere Operatoren der gleichen Stufe aufeinander, so werden sie von links nach rechts ausgewertet. Der ALGOL-Ausdruck

− a/sin(2.7 × x) × b[3] ↑ 5/c + a

hat demnach in der üblichen mathematischen Schreibweise die Form

$$-\frac{a\,b_3^5}{c \sin 2{,}7\,x} + a\,.$$

Sollen die Operationen in einer anderen Reihenfolge ausgeführt werden, so sind runde Klammern (andere sind nicht erlaubt) zu setzen: Im Gegensatz zum oben angeführten Beispiel lautet dann

(− a/(sin(2.7 × x) × b[3])) ↑ 5/(c + a)

in der üblichen Schreibweise

$$-\left(\frac{a}{b_3 \sin 2{,}7\,x}\right)^5 \cdot \frac{1}{c+a}$$

Die Operanden in einem arithmetischen Ausdruck können sowohl vom Typ **integer** als auch vom Typ **real** sein. Ein Resultat vom Typ **integer** tritt aber nur auf, wenn alle Operanden diesen Typ haben und keine Division mit / oder Potenzierung mit negativem Exponenten innerhalb des Ausdruckes auftritt. Andernfalls liefert der Ausdruck stets ein Ergebnis vom Typ **real**.

2.3 Wertzuweisung und Programmaufbau

2.3.1 Zuordnungsanweisungen

Bisher haben wir behandelt, auf welche Weise man bei ALGOL 60 mit Hilfe einfacher und indizierter Variabler Informationen bezeichnet, sie in arithmetischen Ausdrücken verknüpft und dadurch neue Zahlenwerte berechnet. Zur Aufstellung eines funktionsfähigen Programms fehlt nun noch eine Vorschrift, die eine andere Variable mit diesem Ergebnis identifiziert.

> Die *Zuordnungsanweisung* hat im einfachsten Fall die Gestalt
>
> ‹Variable› : = ‹Ausdruck›
>
> und bedeutet, daß der momentane Wert des rechts stehenden Ausdrucks der Variablen auf der linken Seite als neuer Wert zugeordnet wird.

Das Symbol : = entspricht also dem im Ablaufdiagramm benutzten Doppelpfeil. Stimmt der Typ des errechneten Resultats mit dem Typ der linken Seite nicht überein, so wird der Wert des Ausdrucks umgewandelt. Für die Umwandlung von **real** nach **integer** tritt dabei eine Übertragungsfunktion in Aktion, deren Wirkung mit *entier* (A + 0.5) äquivalent ist, wobei A den Wert des Ausdruckes bezeichnet.

Als Beispiel wollen wir wieder das in Kapitel 1 behandelte lineare Gleichungssystem heranziehen. Die Namen a, b, c, d, e und f können wir in der gleichen Form beibehalten. Die Lösungen lassen sich dann aus den beiden Anweisungen

x1 := (d × e − b × f)/(a × d − b × c)
x2 := (a × f − c × e)/(a × d − b × c)

gewinnen.

Der zuordnende Charakter des Symbols := kommt auch dadurch zum Ausdruck, daß man links und rechts die gleichen Variablen benutzen darf. Durch

$$i := i + 1$$

wird der Wert von i um 1 erhöht. Hat i vor dieser Anweisung den momentanen Wert 4, so bedeutet die Anweisung: 4 + 1, d. h. 5, ist der neue Wert von i, der von diesem Moment an gilt.

Soll das Ergebnis eines Ausdruckes mehreren Variablen des gleichen Typs zugeordnet werden, so kann man sich der mehrfachen Zuordnung bedienen:

‹Variable› := ‹Variable› := . . . := ‹Ausdruck›.

Als einfaches Beispiel hierzu führen wir an

$$a := b := c := a + b + c\,.$$

Durch diese Anweisung wird jeder der drei Variablen die Summe ihrer ursprünglichen Werte zugewiesen.

Eine besondere Problematik entsteht bei Verwendung von indizierten Variablen in einer mehrfachen Zuordnungsanweisung. Ist z. B. vor Ausführung der Anweisung

(*) $a[i] := i := i + 1$

$i = 2$, so ist nicht ohne weiteres klar, ob a[2] oder a[3] den Wert 3 erhalten soll. Zur Vermeidung solcher Mehrdeutigkeiten gilt für jede Zuordnungsanweisung folgendes: Zunächst werden alle auf der linken Seite der Anweisung auftretenden Indexausdrücke ausgewertet. Anschließend wird der rechts stehende Ausdruck berechnet und dann das Resultat den links aufgeführten Variablen mit den vorher ausgewerteten Indizes zugewiesen. Bei (*) erhalten also i und a[2] den Wert 3.

2.3.2 Einfache Ein- und Ausgabe

Mit der Begründung, sie seien zu sehr vom Typ der einzelnen Rechenanlage abhängig, enthält ALGOL 60 keine Vorschriften für die Ein- und Ausgabe. Die Folge ist, daß die E-A-Anweisungen überall verschieden sind. Daher einigte sich die sog. ALCOR-Gruppe auf E-A-Anweisungen, die nun in Westeuropa ziemlich weit verbreitet sind, so daß wir diese hier angegeben haben.

Zur *Eingabe*, d. h. zum Transport einer oder mehrerer Größen von einem Eingabegerät in den Speicher, dient die Anweisung

read(‹Variable›, ‹Variable›, . . . , ‹Variable›).

Sie bewirkt, daß die im Augenblick des Aufrufs im Eingabegerät (auf Lochstreifen oder Lochkarten z. B.) verfügbaren Zahlen der Reihe nach den innerhalb der runden Klammern aufgezählten Variablen zugewiesen werden. Das in Abb. 3 benutzte Lesen der Größen a, b, c, d, e und f ließe sich also mit

read(a, b, c, d, e, f)

erledigen.

Zur *Ausgabe* von Zahlenwerten dient eine ähnliche Anweisung:

print(‹Ausdruck›, ‹Ausdruck›, . . . , ‹Ausdruck›).

Die innerhalb der Klammern angeführten Ausdrücke werden der Reihe nach ausgewertet und das jeweilige Ergebnis an ein Ausgabegerät abgegeben. Die Lösungen des behandelten linearen Gleichungssystems ließen sich z. B. folgendermaßen ausgeben:

print((d × e − b × f)/(a × d − b × c),
(a × f − c × e)/(a × d − b × c)).

Die Werte der beiden Ausdrücke werden dann allerdings nirgends im Speicher aufbewahrt, sondern gleich nach ihrer Berechnung dem Ausgabegerät übergeben. Sind sie den Variablen x1 und x2 zugewiesen, so läßt sich die Ausgabe auch durch

print(x1, x2)

bewerkstelligen.

Neben den Zahlen ist oftmals auch *Text* als Ausgabe erwünscht. Dazu enthält die ALCOR-Verabredung eine besondere Anweisung:

write(‹Zeichenkette›).

Die in der Klammer anzugebende *Zeichenkette* besteht aus einer Aneinanderreihung von Buchstaben, Ziffern und anderen in ALGOL zugelassenen Symbolen, deren Beginn und Ende durch die Kettenbegrenzungszeichen ‘ und ’ angezeigt werden. Alle zwischen diesen Zeichen stehenden Symbole werden durch die Anweisung ausgegeben.

write(‘Die Loesung lautet:’)

würde z. B. die Ausgabe des Textes

Die Loesung lautet:

bewirken.

2.3.3 Programmaufbau

Nach diesen Vorbereitungen sind wir in der Lage, einfache Geradeausprogramme in ALGOL 60 zu formulieren. Diese bestehen im wesentlichen aus zwei nach einem festen Schema zusammengefügten Teilen:

> In einem *Vereinbarungsteil* werden zunächst alle im Programm benutzten Variablen deklariert, und in dem sich anschließenden *Anweisungsteil* wird der Programmverlauf durch eine Anzahl Anweisungen beschrieben, die in der notierten Reihenfolge auszuführen sind. Alle Vereinbarungen und Anweisungen werden durch Semikolon voneinander getrennt. Anfang und Ende des Programms kennzeichnen die beiden Symbole **begin** und **end**:
>
> **begin** ‹Vereinbarungsteil›; ‹Anweisungsteil› **end**

Zu dem in Kap. 1 behandelten Beispiel ließe sich folgendes ALGOL-Programm aufstellen, das allerdings die dort behandelten Fallunterscheidungen nicht berücksichtigt:

Beispiel 2.1

```
begin real a, b, c, d, e, f;
      read(a, b, c, d, e, f);
      print((d × e − b × f)/(a × d − b × c),
            (a × f − c × e)/(a × d − b × c))
end
```

(Vor dem Symbol **end** braucht kein Semikolon zu stehen, weil dieses nur zwischen zwei Anweisungen, nicht aber hinter ihnen steht.) Der Vereinbarungsteil besteht hier aus **real** a, b, c, d, e, f. Dadurch werden für diese Variablen Speicherplätze reserviert, die die Eingabeanweisung read(...) mit den gewünschten Zahlenwerten besetzt. In der Ausgabeanweisung print(...) schließlich werden die Lösungen des Gleichungssystems berechnet und ausgegeben.

Der Ausdruck (a × d − b × c) taucht bei der Berechnung der Ergebnisse zweimal auf und wird demgemäß auch zweimal ausgewertet. Um die Rechenzeit zu verkürzen, ist es daher vorteilhaft, diesen Wert einer Hilfsvariablen D[4] zuzuordnen:

Beispiel 2.2

```
begin real a, b, c, d, e, f, D;
      read(a, b, c, d, e, f);
      D := a × d − b × c;
      print((d × e − b × f)/D, (a × f − c × e)/D)
end
```

Als Beispiel für die Verwendung indizierter Variabler wollen wir noch eine dritte Formulierung für dieses Programm angeben:

Beispiel 2.3

```
begin array A[1 : 2, 1 : 2], y[1 : 2]; real D;
      read(A[1,1], A[1,2], A[2,1], A[2,2], y[1], y[2]);
      D := A[1,1] × A[2,2] − A[1,2] × A[2,1];
      print((A[2,2] × y[1] − A[1,2] × y[2])/D,
            (A[1,1] × y[2] − A[2,1] × y[1])/D)
end
```

[4] Ist eine gleichzeitige Benutzung großer und kleiner Buchstaben nicht erlaubt, muß der Name D durch einen anderen, z. B. det (für Determinante), ersetzt werden.

2.3.4 Kommentarkonventionen

Unter Beachtung gewisser Regeln können in jedes Programm Texte eingefügt werden, die dem Programmierer zur Erläuterung der einzelnen Anweisungen dienen, auf den Programmablauf aber keinen Einfluß haben. Diese Regeln sind in Tab. 4 zusammengestellt.

Tab. 4

Folge von ALGOL-Symbolen	gleichbedeutend mit
begin comment ‹Zeichenfolge, die kein Semikolon enthält›;	**begin**
; **comment** ‹Zeichenfolge, die kein Semikolon enthält›;	;
end ‹Zeichenfolge, die weder **end** noch **else** noch Semikolon enthält›	**end**
) ‹Buchstabenfolge› : (	,

Als Beispiel für die Anwendung dieser Konventionen verändern wir Beispiel 2.2:

Beispiel 2.4

```
begin comment Loesung eines linearen Gleichungs-
              systems mit zwei Unbekannten;
    real a, b, c, d, e, f, D;
    comment a, b, c, d = Komponenten der
                         Koeffizientenmatrix,
              e, f = Komponenten der rechten Seite;
    read(a, b, c, d, e, f);
    D := a × d − b × c;
    print(D) Loesungen: ((d × e − b × f)/D,
                         (a × f − c × e)/D)
end Programmende
```

In diesem Programm wird neben den Lösungen auch die Determinante ausgegeben.

2.3.5 Aufbereitung einer Aufgabenstellung

Wir wollen folgendes Beispiel betrachten, um die Überlegungen zu studieren, die von der Aufgabenstellung zum Programm führen:

a) Aufgabe

Ein Erdsatellit bewege sich auf einer Kreisbahn in der Höhe h über der Erdoberfläche mit der Geschwindigkeit

$$v = \sqrt{\frac{g R^2}{R + h}}$$

Das Programm soll v und die Umlaufzeit T berechnen, wenn h bekannt ist. Alle Größen, die eingegeben bzw. ausgegeben werden, sollen in einer „üblichen" Dimension erscheinen, d. h.

h in km,
v in km/h,
T in min.

b) Ergänzung der Formeln

Die auftretenden Konstanten sind

$R = 6\,370$ km
$g = 9{,}81$ m/sec^2 $= 9{,}81 \times 10^{-3}$ km/sec^2
$\pi = 3{,}141\,592\,654$

Die Umlaufzeit ergibt sich aus

$$T = \frac{2\pi (R + h)}{v}$$

Setzen wir die Zahlen in der hier angegebenen Form ein, so erhalten wir v in km/sec und T in sec. Die Änderung der Dimensionen läßt sich beim Ausgabevorgang berücksichtigen.

c) Festlegung der Eingabe

Es ist nicht erforderlich und auch nicht wünschenswert, alle in den Formeln benutzten Variablen am

Anfang des Programms einzulesen. Dies geschieht nur mit den Variablen, die bei verschiedenen Programmläufen mit verschiedenen Werten besetzt werden sollen, in unserem Beispiel also nur mit h, während g, R und π konstante Größen sind.

d) Programm

Damit kann das Programm nun formuliert werden:

Beispiel 2.5:

```
begin real h, R, v, T;
      read(h);
      R := 6 370;
      v := sqrt(9.81₁₀ − 3 × R × R/(R + h));
      T := 6.283 185 308 × (R + h)/v;
      print(3600 × v, T/60)
end
```

Weil R mehrfach auftritt, haben wir, um Schreibarbeit zu sparen, R := 6 370 vorgezogen.

2.4 Verzweigungen und Zyklen

2.4.1 Zusammengesetzte Anweisungen

Bei der Programmierung von Verzweigungen und Zyklen müssen oft mehrere Anweisungen zusammengefaßt werden. Dies geschieht mit Hilfe der Anweisungsklammern **begin** und **end**:

Eine *zusammengesetzte Anweisung* hat die Form

```
begin Anweisung;
      Anweisung;
      ..........;
      Anweisung
end
```

und wirkt wie eine einzelne Anweisung. Sie wird insbesondere nach **do, then** und **else** benutzt.

2.4.2 Bedingte Anweisungen

Die Ausführung jeder Anweisung kann von einer Bedingung abhängig gemacht werden:

Die *einseitige, bedingte Anweisung* hat die Form
‹Bedingung› ‹unbedingte Anweisung›.
Die *zweiseitige, bedingte Anweisung* hat die Form
‹Bedingung› ‹unbedingte Anweisung›
else ‹beliebige Anweisung›.
Die einfachste Form der *Bedingung* ist durch den Vergleich gegeben:
if ‹Vergleich› **then**

Die einseitige, bedingte Anweisung bewirkt die Ausführung der auf **then** folgenden Anweisung, falls die durch den Vergleich gegebene Bedingung erfüllt ist. Ist die Bedingung dagegen nicht erfüllt, so wird die betreffende Anweisung übergangen. Die Einseitigkeit dieser Form kommt besonders gut in einem Ablaufdiagramm zum Ausdruck (Abb. 4a).

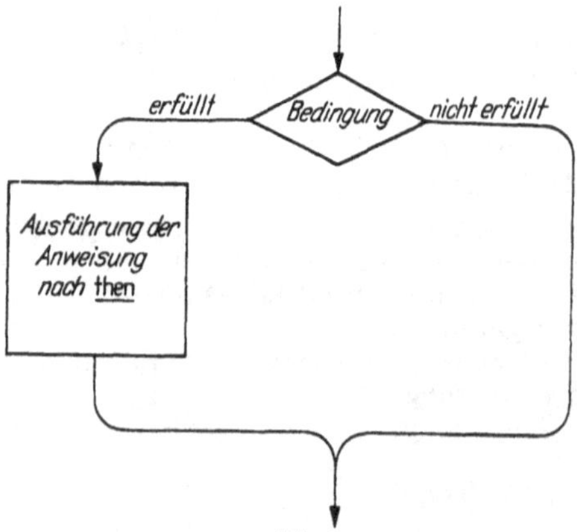

Abb. 4 a

Ist im zweiseitigen Fall die Bedingung erfüllt, so wird die auf **then** folgende Anweisung ausgeführt und die hinter **else** stehende übersprungen. Fällt der Vergleich negativ aus, dann wird die auf **then** folgende Anweisung ignoriert, während die hinter **else** ausgeführt wird.

Die Wirkungsweise wird durch das Ablaufdiagramm in Abb. 4b verdeutlicht.

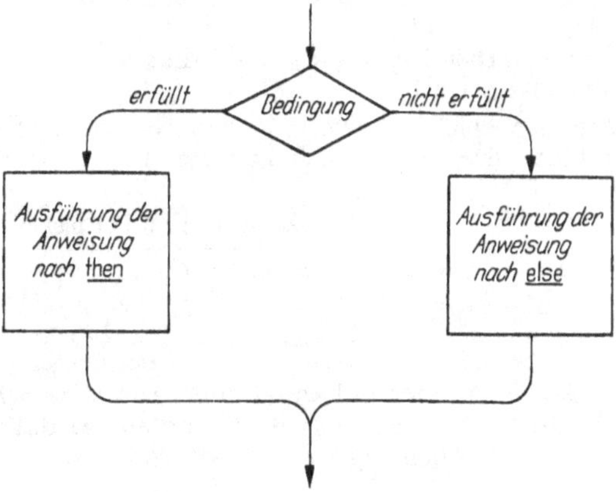

Abb. 4 b

Der *Vergleich* hat die Form ‹arithmetischer Ausdruck› ‹Vergleichsoperator› ‹arithmetischer Ausdruck›.

Als Vergleichsoperatoren sind zulässig:

$$> | \geqq | = | \neq | \leqq | <.$$

Beispiele für bedingte Anweisungen sind:

if a $<$ 0 **then** i := i+1 **else** k := k+1;
if 3 $\times$ a $-$ 6 $\geqslant$ h/2 **then** x := 4 $\times$ a;
if q $<$ 0 **then** q := $-$ q;
if sin(z) $\geqslant$ w **then** y := w **else** y := sin(z).

Sowohl im Fall der einseitigen als auch im Fall der zweiseitigen Form darf aus Eindeutigkeitsgründen nach **then** niemals eine bedingte Anweisung geschrieben werden. Sollte das trotzdem einmal erwünscht sein, so muß sie (genau wie im Falle mehrerer Anweisungen) durch Einklammern in **begin** und **end** zu einer zusammengesetzten und somit unbedingten Anweisung gemacht werden. Beispiele sind:

```
if x < 0 then begin if x ≠ − 1 then a := 0
else a := 1 end;
if x < 0 then begin if x ≠ − 1 then a := 0
end else a := 1.
```

Welche der beiden Anweisungen a := 0 und a := 1 ausgeführt wird, ergibt sich aus der folgenden Übersicht:

	1. Beispiel	2. Beispiel
$x < 0 \quad x \neq -1$	a := 0	a := 0
$x < 0 \quad x = -1$	a := 1	keine
$x \geqq 0$	keine	a := 1

Im Gegensatz hierzu kann hinter **else** stets wieder eine bedingte Anweisung gesetzt werden, so daß sich die Alternativen beliebig weit fortsetzen lassen:

```
if x < 0 then a := 0 else if x = 0 then a := 1
else a := 2.
```

Der unseren ALGOL-Programmbeispielen 2.1 bis 2.4 anhaftende Nachteil, daß im Falle einer verschwindenden Koeffizientendeterminante eine Division durch 0 auftritt, läßt sich durch Einführen einer bedingten Anweisung beheben:

Beispiel 2.6

```
begin real a, b, c, d, e, f, D;
      read(a, b, c, d, e, f);
      D := a × d − b × c;
      if D = 0
      then write('Koeffizientendeterminante = 0')
      else print((d × e − b × f)/D, (a × f − c × e)/D)
end
```

Im Falle D = 0 wird hier also der Text

Koeffizientendeterminante = 0

ausgegeben, während sonst wie vorher die Lösungen ausgegeben werden.

2.4.3 Sprunganweisungen

Wie schon früher erwähnt wurde, werden alle Anweisungen in der Reihenfolge ausgeführt, in der sie notiert sind. Eine Sprunganweisung aber kann diese Reihenfolge unterbrechen. Sie gibt nämlich an, an welcher besonders gekennzeichneten Stelle das Programm fortgesetzt werden soll.

Die Kennzeichnung einer Programmstelle geschieht durch eine *Marke*, die durch einen Doppelpunkt von der ihr folgenden Anweisung getrennt wird:

‹Marke› : ‹Anweisung›.

Als Marken lassen sich ganze Zahlen ohne Vorzeichen und Namen verwenden.

Sie werden im Gegensatz zu anderen Namen nicht im Vereinbarungsteil des Programms deklariert, dürfen aber mit keinem anderen Namen übereinstimmen.

Eine Marke kann auch vor dem Symbol **end** oder **begin** stehen. Auch hier wird ein Doppelpunkt als Trennzeichen benutzt.

Die *Sprunganweisung* selbst hat im einfachsten Fall die Gestalt

go to ‹Marke›

und bewirkt den Sprung nach der angeführten Marke.

Als Anwendung wollen wir unser Programm zur Auflösung von Gleichungssystemen so abändern, daß eine vorherbestimmte Anzahl von Systemen behandelt wird.

Beispiel 2.7

```
begin integer i; real a, b, c, d, e, f, D;
    i := − 10;
    Eingabe: read(a, b, c, d, e, f);
    D := a × d − b × c;
    if D = 0
```

```
        then write('Koeffizientendeterminante = 0')
        else print((d × e − b × f)/D, (a × f − c × e)/D);
        i := i + 1;
        if i < 0 then go to Eingabe
end
```

Abschließend sei noch bemerkt, daß in ALGOL 60 eine Sprunganweisung durchaus auf eine Anweisung führen kann, die hinter **then** oder **else** steht. Wenn die auf **then** folgende Anweisung angesprungen wird, so wird im Falle einer zweiseitigen Form die nach **else** kommende Anweisung ignoriert.

2.4.4 Laufanweisungen

Das in 2.4.3 behandelte Programm ist zyklisch: Eine gewisse Anzahl von Anweisungen wird 10mal durchlaufen. Solche zyklischen Programmteile können bequemer mit Hilfe der Laufanweisung geschrieben werden. Die am häufigsten benutzte Form der Laufanweisung enthält das **step-until**-Element. Weitere Formen der Laufanweisung werden in Nr. 4.2.4 besprochen:

> Die *Laufanweisung* mit **step-until**-Element hat die Form:
> **for** ‹Laufvariable› := ‹arithm. Ausdruck› **step** ‹arithm. Ausdruck› **until** ‹arithm. Ausdruck› **do** ‹Anweisung›.

Zur Beschreibung des hierin enthaltenen Zählvorganges betrachten wir das Beispiel

for v := a **step** s **until** e **do** A ,

wobei A für eine Anweisung steht. Die Abarbeitung ist in Abb. 5 dargestellt.

Im speziellen Fall

for i := 1 **step** 1 **until** 5 **do** . . .

nimmt i nacheinander die Werte 1, 2, 3, 4 und 5 an, im Falle

for i := 5 **step** −1 **until** 1 **do** ...

die Werte 5, 4, 3, 2 und 1. Mit einer Laufanweisung läßt sich das Beispiel 2.7 wie folgt formulieren:

Beispiel 2.8

```
begin integer i; real
      a, b, c, d, e, f, D;
      for i := 1 step 1 until
      10 do
      begin read
            (a, b, c, d, e, f);
            D := a × d −
            b × c;
            if D = 0
            then write
            ('Koeffizienten-
            determinante=0')
            else print((d × e − b × f)/D,
                          (a × f − c × e)/D)
      end
end
```

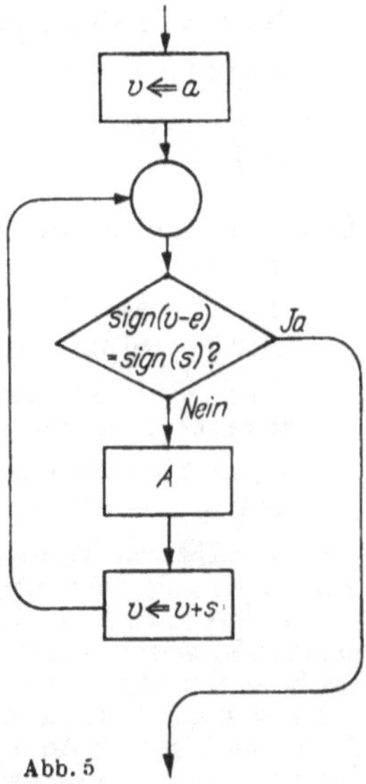

Abb. 5

Da hinter **do** immer nur eine einzelne Anweisung stehen darf, wir hier aber drei Anweisungen mehrfach durchlaufen wollen, müssen wir sie mit **begin** und **end** zusammenfassen.

Besonders vorteilhaft lassen sich Laufanweisungen bei Problemstellungen einsetzen, die indizierte Variable verwenden. So kann man z. B. im Beispiel 2.3 die Eingabeanweisung folgendermaßen formulieren, wenn man eine andere Reihenfolge der Eingabeparameter in Kauf nimmt:

```
for i := 1 step 1 until 2 do
begin for k := 1 step 1 until 2 do read(A[i, k]);
        read(y[i])
end
```

Die Reihenfolge, in der die Daten dann eingelesen werden, ist:

A[1,1] A[1,2] y[1]
A[2,1] A[2,2] y[2]

Mehrdeutigkeiten treten auf, wenn bedingte Anweisungen und Laufanweisungen zusammen auftreten. So ist z. B. bei

```
if x < 0 then for i := 1 step 1 until n
do if x = − 1 then a[i] := 1 else a[i] := 0
```

a priori nicht klar, zu welchem **then** der Operator **else** gehört. ALGOL 60 sieht daher vor, daß bei einer bedingten Anweisung in der einseitigen Form die auf **then** folgende Anweisung auch eine Laufanweisung sein darf, bei der zweiseitigen dagegen nicht. Im Beispiel muß also **else** zum zweiten **then** gehören.

Es ist noch zu sagen, daß ein Sprung von außerhalb nach der auf **do** folgenden Anweisung nicht erlaubt ist, da damit die Zähloperation umgangen würde.

Andererseits ist es jedoch möglich, eine Laufanweisung durch einen Sprung vorzeitig zu verlassen:

```
for i := 1 step 1 until n do if a[i] = 0 then go to M.
```

Die Laufvariable hat dann außerhalb der Laufanweisung den Wert, den sie unmittelbar vor Ausführung der Sprunganweisung hatte. Wird die Zähloperation dagegen ordnungsgemäß beendet, so ist der Wert der Laufvariablen anschließend nicht mehr definiert.

2.4.5 Aufbereitung von Zyklen

In diesem Abschnitt wollen wir die wichtigsten Vorgänge besprechen, die im Rahmen der verschiedensten Aufgabenstellungen dem Programmierer immer wieder begegnen.

a) Summenbildung

Wir wollen die Summe

$$s = \sum_{i=1}^{n} a_i$$

bestimmen, wobei es gleichgültig sei, ob die a_i vorgegebene Größen oder arithmetische Ausdrücke sind, die noch ausgewertet werden müssen. Um hieraus einen Zyklus zu konstruieren, muß der sich wiederholende Vorgang herausgearbeitet werden: Zu einer bereits aufgelaufenen Teilsumme ist das nächste a_i zu addieren, d. h. $s := s + a_i$. Damit s am Anfang den richtigen Wert bekommt, wird zuvor $s := 0$ gesetzt. Wir erhalten somit:

Beispiel 2.9

```
s := 0;
for i := 1 step 1 until n do s := s + a[i].
```

Analog läßt sich ein Produkt

$$p = \prod_{i=1}^{n} a_i$$

bilden:

Beispiel 2.10

```
p := 1;
for i := 1 step 1 until n do p := p × a[i].
```

b) Ausnutzung eines Bildungsgesetzes

Häufig handelt es sich bei den a_i um arithmetische Ausdrücke, die noch ausgewertet werden müssen. Dabei kann — vor allem bei Potenzreihen — oft ein rekursives Bildungsgesetz der Koeffizienten ausgenutzt werden.

Wir betrachten z. B.

$$\sqrt[m]{1 + x} = \sum_{i=0}^{\infty} \binom{1/m}{i} x^i \quad \text{für } |x| \leq 1$$

mit

$$\binom{1/m}{i} = \frac{\frac{1}{m}\left(\frac{1}{m} - 1\right)\left(\frac{1}{m} - 2\right)\ldots\left(\frac{1}{m} - i + 2\right)\left(\frac{1}{m} - i + 1\right)}{1 \times 2 \times 3 \quad \ldots \quad (i-1) \times i}$$

Der i-te Summand ergibt sich aus dem vorhergehenden durch

$$a_i = a_{i-1} \cdot \frac{\left(\frac{1}{m} - i + 1\right)}{i} x$$

Wir wollen die Summe nach dem n-ten Glied abbrechen und erhalten:

Beispiel 2.11

```
s := a[0] := 1;
for i := 1 step 1 until n do
begin a[i] := a[i−1] × (1/m − i + 1)/i × x;
      s := s + a[i]
end
```

In diesem Programmstück sind zwei Vereinfachungen möglich:

1. Der Wert von $1/m + 1$ tritt mehrfach auf und sollte daher am Anfang bestimmt werden.
2. Da jeweils nur noch der letzte a_i-Wert benötigt wird. ist es nicht erforderlich, alle a_i-Werte aufzubewahren, Es können demnach alle a_i nacheinander auf dem gleichen Speicherplatz abgelegt werden, d. h. es genügt statt der indizierten eine einfache Variable:

Beispiel 2.12

```
s := a := 1;  m1 := 1/m + 1;
for i := 1 step 1 until n do
begin a := a × (m1 − i)/i × x;
      s := s + a
end
```

c) Horner-Schema

Bei der Bestimmung von Polynomwerten hat sich das Horner-Schema bewährt:

$$P = \sum_{i=0}^{n} a_i x^i$$

läßt sich nämlich umformen zu

$$P = (((a_n x + a_{n-1}) x + a_{n-2}) x + a_{n-3}) x + \ldots + a_0,$$

woraus man als rekursives Bildungsgesetz ablesen kann:

$$P := P \times x + a_i,$$

wenn mit $p := a_n$ begonnen wird und i rückwärts läuft:

Beispiel 2.13

```
p := a[n];
for i := n—1 step —1 until 0 do
    p := p × x + a[i].
```

d) Suche eines Maximums

Soll das Maximum einer Liste bestimmt werden:

$$m = \max(a_1, a_2, a_3, \ldots, a_n),$$

so wiederholt sich der Vorgang, das Maximum der bisher betrachteten Größen mit der nächsten Größe zu vergleichen. Ist diese größer, so wird sie als neues Maximum genommen:

Beispiel 2.14

```
m := a[1];
for i := 2 step 1 until n do
    if m < a[i] then m := a[i].
```

Entsprechend kann ein Minimum, ein betragsmäßiges Maximum usw. gesucht werden.

e) Zählen mit einer Bedingung

In einer Liste sollen diejenigen Elemente gezählt werden, die eine bestimmte Bedingung erfüllen, z. B. die positiven. Dabei handelt es sich um eine Summenbildung, bei der jeweils 1 addiert wird, sofern die Bedingung erfüllt ist:

Beispiel 2.15

k := 0;
for i := 1 **step** 1 **until** n **do**
if a[i] > 0 **then** k := k + 1.

Viele Beispiele lassen sich in ähnlicher Weise behandeln wie die hier betrachteten.

3. Der elementare Teil der Programmierungssprache FORTRAN

Bei den Ausführungen des nun folgenden Kapitels muß der Leser berücksichtigen, daß wir uns auf den ASA-Entwurf [4] beziehen. Die Beschreibung kann daher von älteren oder großzügigeren FORTRAN-Versionen an einzelnen Stellen abweichen.

3.1 Arithmetische Anweisungen und Vereinbarungen

3.1.1 Namen

Die Namen werden wie bei ALGOL 60 gebildet (s. 2.1); jedoch gilt die Einschränkung, daß ein Name aus nicht mehr als sechs Buchstaben und Ziffern gebildet werden darf und die großen und kleinen Buchstaben gleichbedeutend sind. Die Zahl der Namen mit einer vorgegebenen Bedeutung ist wesentlich größer. Dazu gehören neben den Standardfunktionen (s. 3.1.6) auch noch die Wortsymbole, denn FORTRAN kennt im Gegensatz zu ALGOL 60 keine besondere Schreibweise dafür (Fettdruck oder Unterstreichung).

3.1.2 Konstante

FORTRAN kennt die ganzzahligen, die reellen und die komplexen Konstanten. Bei den *ganzzahligen* Konstanten liegt gegenüber ALGOL 60 keine Abweichung vor (s. 2.1).

Bei den *reellen* Konstanten wird die tiefgestellte $_{10}$ durch einen der Buchstaben E oder D ersetzt.

E bezeichnet Konstanten *einfacher Genauigkeit*, D solche *doppelter Genauigkeit;* ist kein Exponententeil angegeben, so gilt einfache Genauigkeit.

Die Genauigkeit, mit der eine reelle Konstante in der Datenverarbeitungsanlage dargestellt wird, ist nämlich von der Größe der einzelnen Speicherplätze abhängig. Wird für besondere Berechnungen (etwa bei Zwischenrechnungen, die für Rundungsfehler anfällig sind) eine höhere Genauigkeit verlangt, so verwendet man die Konstanten doppelter Genauigkeit, die zwei Speicherplätze belegen. Beispiele sind:

einfache Genauigkeit:

+3.456E−2 | 0.03456 | 0.003456E1 | 200.084 | −.321 | 2E+5

doppelte Genauigkeit:

0.3141592653589793D1 | 1.D−1.

Bemerkungen:

1. Im Gegensatz zu ALGOL 60 kann der gebrochene Anteil fehlen: 6. statt 6.0.
2. Ein Exponententeil ohne Mantisse ist nicht zulässig: Es muß also heißen −1.E−4 und nicht −E−4, weil dies zu einer Verwechslung mit einem arithmetischen Ausdruck führen würde.
3. Bei Konstanten doppelter Genauigkeit darf der Exponententeil in keinem Falle fehlen, also auch

   3.141592653589793D0.

   Die Konstante 1D0 besagt, daß die Rechenanlage die entsprechende Anzahl Nullen hinter dem Komma anfügen muß.

Die *komplexen Konstanten* werden als eingeklammertes Paar reeller Konstanten angegeben, wobei beide Teile durch ein Komma zu trennen sind. Der erste Teil bezeichnet den Real-, der zweite den Imaginärteil:

(1.2, −3.251) | (1.5E−3, .0) | (.0, 1.).

Die Verwendung ganzzahliger Konstanten als Komponenten einer komplexen Zahl ist nicht zulässig.

3.1.3 Indizierte Variable

Während die einfachen Variablen mit ALGOL 60 übereinstimmen, ist zu den indizierten Variablen folgendes zu sagen:

a) Die Indizes werden in runde Klammern eingeschlossen.
b) Die Anzahl der Indizes darf drei nicht überschreiten.
c) Der arithmetische Ausdruck, aus dem sich der Index berechnet, muß von einer der folgenden Formen sein:
   c * v + k | c * v − k | c * v | v + k |
   v − k | v | k .
   Dabei bezeichnet v eine ganzzahlige Variable, c und k sind ganzzahlige Konstanten. Beispiele:
   A(3) | EMIL(2, I, 6 * J − 1) |
   AF(2 * K, I + 3) .

Nicht zulässig sind z. B.:

X(J + I) | Y(3, X(1)) .

(* bedeutet die Multiplikation. S. 3.1.7.)

3.1.4 Typenvereinbarungen

In einer Typenvereinbarung folgen auf das Typenvereinbarungszeichen Namen, die durch Kommata voneinander getrennt sind. Es gibt in FORTRAN kein besonderes Trennzeichen zwischen den einzelnen Vereinbarungen (bzw. Anweisungen). Entsprechend der größeren Anzahl von Typen gibt es die Typenvereinbarungszeichen

INTEGER | REAL | DOUBLE PRECISION | COMPLEX.

Beispiele sind:

```
INTEGER I, EPS, K
REAL A3, IND, FUN
COMPLEX X, J.
```

Die Bedeutung ist die gleiche wie bei ALGOL 60.

FORTRAN kennt darüber hinaus noch die *implizite Typenvereinbarung:* ein Name, der in keiner Typenvereinbarung auftritt, bezeichnet eine ganzzahlige Größe, wenn er mit einem der Buchstaben I, J, K, L, M, N beginnt, in allen anderen Fällen eine reelle Größe. Die obigen Typenvereinbarungen besagen also dasselbe, wenn sie lauten:

```
INTEGER EPS
REAL IND
COMPLEX X, J
```

während die übrigen Namen auch ohne explizite Typenvereinbarung im gleichen Sinne verwandt werden können.

3.1.5 Feldvereinbarungen

Die Feldvereinbarungen weichen in vier Punkten von denen in ALGOL 60 ab:

a) Der Typ des Feldes wird nicht in der Feldvereinbarung festgelegt; dies geschieht in der Typenvereinbarung, oder beim Fehlen einer solchen durch die implizite Typenvereinbarung.
b) Es wird nur die obere Indexgrenze angegeben. Die untere ist stets 1.
c) Die angegebenen Indexgrenzen müssen ganzzahlige Konstanten sein.
d) Die Indexgrenzen werden in runde Klammern eingeschlossen.

Die Feldvereinbarungen werden mit dem Symbol DIMENSION eingeleitet. Z. B. bezeichnet

DIMENSION X(10)

einen Vektor mit den Komponenten X(1), X(2), ..., X(10) und

DIMENSION ALP(5, 8), Y(2)

eine Matrix ALP mit den Komponenten ALP(I, K), wobei I von 1 bis 5, K von 1 bis 8 laufen kann, und einen Vektor Y mit den Komponenten Y(1) und Y(2).

3.1.6 Standardfunktionen

Wie auch in ALGOL 60 sind gewisse Funktionen stets verfügbar. Allerdings ist dieser Kreis nicht so fest umrissen, und sie haben auch im Laufe der Zeit ihre Namen geändert. Eine mögliche Liste ist in Tab. 5 angegeben.

Tab. 5

Name	Definition	Typ des	
		Argumentes	Ergebnisses
ABS	$\|X\|$	reell	reell
IABS	$\|X\|$	ganz	ganz
FLOAT	X	ganz	reell
IFIX	X	reell	ganz
SIGN	$\|X_1\|\text{sign}(X_2)$	reell	reell
ISIGN	$\|X_1\|\text{sign}(X_2)$	ganz	ganz
EXP	e^X	reell	reell
ALOG	ln(X)	reell	reell
SIN	sin(X)	reell	reell
COS	cos(X)	reell	reell
TANH	tgh(X)	reell	reell
SQRT	$\sqrt{X}$	reell	reell
ATAN	arctg(X)	reell	reell

Der ASA-Entwurf für FORTRAN sieht eine umfangreichere Liste vor. In älteren FORTRAN-Versionen haben alle Funktionsnamen als letzten Buchstaben ein F, also z. B. SQRTF statt SQRT.

Eine besondere Bemerkung ist zu den Funktionen SIGN und ISIGN zu machen, weil ihre Bedeutung von der in ALGOL 60 abweicht. SIGN(X) bedeutet in ALGOL 60

$+1$, falls $X > 0$ ist,
0, falls $X = 0$ ist,
-1, falls $X < 0$ ist,

und in FORTRAN bedeutet $SIGN(X_1, X_2)$:

$|X_1|$, falls $X_2 \geq 0$,
$-|X_1|$, falls $X_2 < 0$.

3.1.7 Arithmetische Ausdrücke

Die Operationen + und — werden ebenso verwandt wie bei ALGOL 60. Die Multiplikation wird mit einem *, die Division mit einem / und die Potenzierung mit ** bezeichnet.

Für die Potenzierung a = b ** c gilt folgende Einschränkung:

a) Ist c ganzzahlig, so sind a und b vom gleichen Typ.

b) Sind b und c reell oder von doppelter Genauigkeit, so ist a reell, wenn beide reell sind, und sonst von doppelter Genauigkeit.

c) Andere Typenkombinationen sind verboten.

Also ist es nicht zulässig, I ** A zu schreiben, wenn I ganzzahlig und A reell ist.

Bei allen anderen Operationen können nur Elemente gleichen Typs miteinander verknüpft werden, wobei das Ergebnis ebenfalls von diesem Typ ist; außerdem können auch noch reelle Elemente mit komplexen oder doppeltgenauen verknüpft werden, wobei das Ergebnis komplex oder doppeltgenau ist. Das bedeutet, daß die Division zweier ganzzahliger Werte I/J mit $\div$ von ALGOL 60 gleichbedeutend ist. Nicht zulässig ist z. B. X + 1, wenn X als reelle Variable vereinbart ist. Es muß dann heißen: X + 1.0. Die arithmetischen Ausdrücke bilden sich mit diesen Operationen wie bei

ALGOL 60 (s. 2.2.4). Auch die Vorrangordnung ist die gleiche. Das erste Beispiel von 2.2.4 hat in FORTRAN die Form

−A/SIN(2.7 * X) * B(3) ** 5/C + A.

3.1.8 Wertzuweisung

Die arithmetischen Ausdrücke erlauben es, für eine Variable einen neuen Wert zu berechnen:

> Die Zuordnungsanweisung hat in FORTRAN die Form:
>
> ‹Variable› = ‹Ausdruck›.

Gegenüber ALGOL 60 fehlt also der Doppelpunkt, außerdem das die Anweisungen voneinander trennende Semikolon. Die Beispiele von 2.3.1 hätten also die folgende Gestalt:

```
X1 = (D * E - B * F)/(A * D - B * C)
X2 = (A * F - C * E)/(A * D - B * C)
```

und

```
I = I + 1.
```

Der Wert des rechts stehenden Ausdrucks muß umgewandelt werden, wenn er von einem anderen Typ ist als die links stehende Variable. Dabei ist es nicht zulässig, daß eine der beiden Seiten komplex ist, die andere nicht. Ist die linke Seite eine ganzzahlige Variable, so werden nach Auswertung des Ausdruckes die Stellen hinter dem Komma entfernt. (Abweichung von ALGOL 60!) Ist die linke Seite reell und die rechte von doppelter Genauigkeit, so werden ebenfalls nach der Auswertung die über die einfache Genauigkeit hinausgehenden Stellen abgeschnitten. In den umgekehrten Fällen werden die zusätzlichen Stellen mit Nullen belegt.

3.2 Die Kontrollanweisungen

3.2.1 Die einfache Sprunganweisung

Die einfachen Sprunganweisungen sind in FORTRAN wie in ALGOL 60 aufgebaut:

| GOTO ‹Marke›,

wobei als *Marken* jedoch nur Zahlen benutzt werden, die vor der anzuspringenden Anweisung stehen. Dabei sind Zahlen mit bis zu fünf Stellen möglich. Führende Nullen werden nicht berücksichtigt.

3.2.2 Die arithmetische Verzweigung

Die arithmetische Verzweigung ist im Gegensatz zu ALGOL 60 kein Mittel, um eine Anweisung mit einer Bedingung zu versehen. Vielmehr entspricht sie nur einer bedingten Sprunganweisung mit drei möglichen Fortsetzungen:

IF (‹Ausdruck›) ‹Marke›, ‹Marke›, ‹Marke›.

Das Programm wird bei der ersten Marke fortgesetzt, wenn der Wert des Ausdruckes kleiner als Null ist, bei der zweiten, wenn er gleich Null ist, und bei der dritten, wenn er größer als Null ist (vgl. Abb. 6). Selbstverständlich können zwei dieser Marken gleich sein.

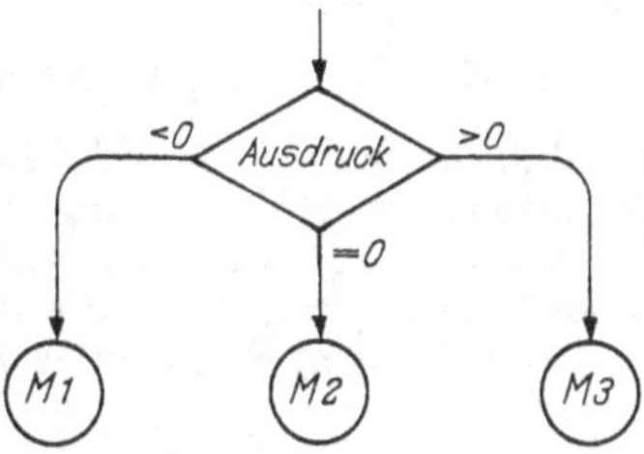

Abb. 6

Beispiel 2.6 nähme ohne die noch nicht besprochenen E-A-Anweisungen folgende Gestalt an:

Beispiel 3.1

```
REAL M
M = A * D - B * C
IF (M) 15, 16, 15
```

```
15  X1 = (D * E − B * F)/M
    X2 = (A * F − C * E)/M
16  . . .
```

Die Einführung der Variablen M ist nötig, weil es in FORTRAN keinen Unterschied zwischen d und D gibt.

3.2.3 Die Laufanweisung

Bei der Laufanweisung sind einige Abweichungen gegenüber ALGOL 60 zu beachten. Die Laufanweisung in FORTRAN hat die Form

> DO ‹Marke› ‹Laufvariable› = ‹Anfang›, ‹Ende›, ‹Schrittweite›
> oder
> DO ‹Marke› ‹Laufvariable› = ‹Anfang›, ‹Ende›.
>
> Dabei sind Anfang, Ende und Schrittweite durch ganzzahlige Variablen oder Konstanten anzugeben. Die Marke gibt die letzte Anweisung an, die noch zu der Laufanweisung gehören soll.

Jedoch sind einige Einschränkungen zu beachten:

1. Bei der abschließenden und durch die zugehörige Marke gekennzeichneten Anweisung darf es sich nicht um eine Sprunganweisung, Laufanweisung, arithmetische Verzweigung oder die noch zu besprechenden Anweisungen STOP oder PAUSE handeln.
2. Fehlt die Angabe einer Schrittweite, so wird sie 1 gesetzt.
3. Anfang, Ende und Schrittweite müssen positiv sein und dürfen innerhalb der Schleife nicht verändert werden. Auch die Verarbeitung der Schleife weicht von ALGOL 60 ab (Abb. 7). Im Gegensatz zur ALGOL-Schleife wird die FORTRAN-Schleife in jedem Fall mindestens einmal durchlaufen.

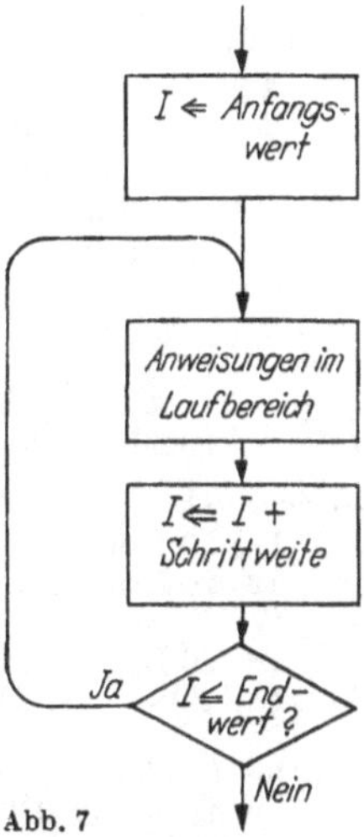

Abb. 7

Der Unterschied ergibt sich im folgenden Beispiel:

ALGOL: **for** K := I **step** 1 **until** 9 **do** ...

FORTRAN: DO 11 K = I, 9

Während die auf **do** folgende Anweisung in ALGOL 60 nicht durchlaufen wird, wenn I den Wert 10 hat, wird sie in FORTRAN einmal, und zwar mit K = 10 ausgeführt.

Der Laufbereich einer Laufanweisung umfaßt alle ausführbaren Anweisungen, die auf die Laufanweisung folgen bis zu der Anweisung einschließlich, die mit der in der Laufanweisung angegebenen Marke versehen ist. Tritt in dem Laufbereich eine zweite Laufanweisung auf, so muß deren Laufbereich ganz in dem ersten enthalten sein.

Wird der Laufbereich durch eine Sprunganweisung oder arithmetische Verzweigung verlassen, so behält die Laufvariable ihren Wert bei, während dieser nicht mehr definiert ist, wenn die Laufanweisung ordnungsgemäß abgeschlossen wurde. Haben mehrere Laufanweisungen die gleiche Endmarkierung, so dürfen Sprunganweisungen auf diese Marke nur im innersten Laufbereich enthalten sein.

Das *Skalarprodukt* zweier zehndimensionaler Vektoren X und Y:

$$S = \sum_{k=1}^{10} x_k y_k$$

läßt sich entsprechend Beispiel 2.9 folgendermaßen berechnen:

Beispiel 3.2

```
      S = 0
      DO 16 K = 1,10
16    S = S + X(K) * Y(K)
```

Die *Multiplikation zweier quadratischer Matrizen* A und B mit je zehn Spalten und 10 Zeilen liefert die Matrix C entsprechend

$$c_{ik} = \sum_{l=1}^{10} a_{il}\, b_{lk}$$

auf die folgende Weise:

Beispiel 3.3

```
      DO 20 I = 1,10
      DO 20 K = 1,10
      C(I, K) = 0
      DO 20 L = 1,10
20    C(I, K) = C(I, K) + A(I, L) * B(L, K)
```

Das *Horner-Schema* (Beispiel 2.13) läßt sich nicht ohne weiteres in FORTRAN übertragen, da eine rückwärts zählende Laufschleife nicht möglich ist. Es ist also zweckmäßig, die Koeffizienten in der umgekehrten Reihenfolge zu numerieren: A(1) = Koeffizient der höchsten Potenz, A(N+1) = absolutes Glied. (Eine Numerierung von A(0) bis A(N) ist wegen der Einschränkung der unteren Feldgrenze nicht möglich.) Man erhält dann folgendes Programm:

Beispiel 3.4

```
      P = A(1)
      DO 24 I = 1, N
24    P = P × X + A(I+1)
```

3.2.4 Weitere Kontrollanweisungen

FORTRAN kennt im Gegensatz zu ALGOL 60 noch drei weitere Kontrollanweisungen.

Die Anweisung STOP beendet den Lauf des Programms. PAUSE bewirkt zunächst das gleiche. Der Unterschied besteht darin, daß beim folgenden Start das Programm an der gleichen Programmstelle fortgesetzt wird.

Die Anweisung CONTINUE besagt nur, daß der normale Ablauf des Programms fortgesetzt werden soll. Die Anweisung wird benötigt, weil gewisse Anweisungen nicht als Ende eines Laufbereichs auftreten dürfen und weil nicht immer die Endmarkierung eines Laufbereichs angesprungen werden kann. Die Verwendung der CONTINUE-Anweisung möge an folgendem Problem erläutert werden: In einer Liste MU von 1000 Zahlen ist nachzusehen, wie viele Zahlen doppelt auftreten. Es sei bekannt, daß keine Zahl dreimal oder öfter vorkommt. Der Vorgang kann durch Abb. 8 beschrieben werden.

Beispiel 3.5

```
      S = 0
      DO 32 K = 1,999
      K1 = K + 1
      DO 12 I = K1, 1000
      IF (MU(K) – MU(I)) 12, 31, 12
12    CONTINUE
      GOTO 32
31    S = S + 1
32    CONTINUE
```

Die erste CONTINUE-Anweisung ist nötig, weil ein Laufbereich nicht mit einer arithmetischen Verzweigung enden darf, die zweite, weil der Sprung GOTO 32 sein Ziel hinter S = S + 1, aber noch im Laufbereich von K haben muß. Entsprechend wird auch bei der Übertragung der Beispiele 2.14 und 2.15 die CONTINUE-Anweisung benötigt:

Beispiel 3.6 (Suche Maximum)

```
      M = A(1)
      DO 17 I = 2, N
      IF (M – A(I)) 18, 17, 17
```

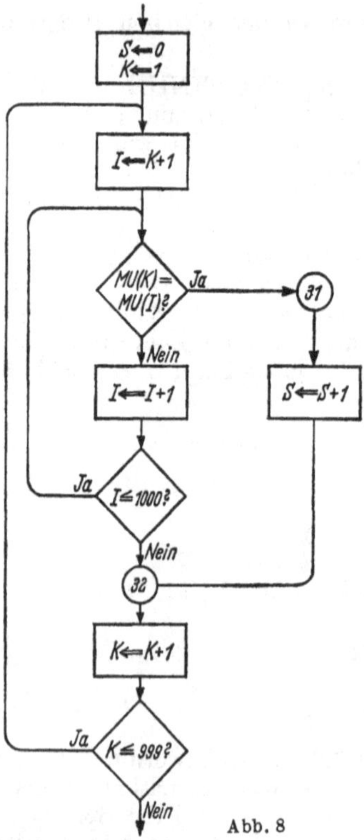

Abb. 8

```
18  M = A(I)
17  CONTINUE
```

Beispiel 3.7 (Zähle positive Werte)

```
    K = 0
    DO 13 I = 1, N
    IF (A(I)) 14, 14, 15
15  K = K + 1
14  CONTINUE
```

3.3 Die Ein- und Ausgabeanweisungen

3.3.1 Aufbau der E-A-Anweisungen

Im Gegensatz zu ALGOL 60 sieht FORTRAN auch Anweisungen für die Ein- und Ausgabe vor:

READ (‹Gerätenummer›, ‹Formatmarke›)
‹Liste›

und

WRITE (‹Gerätenummer›, ‹Formatmarke›)
‹Liste›.

Die Gerätenummer ist durch eine ganzzahlige Konstante oder Variable anzugeben. Zur Bezeichnung des Formats wird die Marke angegeben, unter der das gewünschte Format im Programm auftritt. Die Liste enthält die Namen von Variablen, denen bei der Eingabe die zu lesenden Informationen zugewiesen werden bzw. deren Werte ausgegeben werden sollen. Ausdrücke sind in der Liste nicht zulässig. Beispiele sind:

```
READ  (17, 26) A, B, X(3), X(4)
WRITE (N, 34) I, X(I)
```

3.3.2 Listen

Elemente einer *einfachen Liste* können einfache Variable, indizierte Variable und Feldnamen sein. Dabei veranlaßt ein Feldname die Ein- oder Ausgabe des ganzen Feldes. Die Reihenfolge der einzelnen Komponenten ist in diesem Fall durch die Abb. 9 gegeben. Dabei sind N1, N2, N3 die Indexgrenzen. Sei Y ein Feld mit der Vereinbarung

```
DIMENSION Y(4, 3),
```

so werden durch

```
WRITE (11, 12) Y
```

die Werte von Y(1, 1), Y(2, 1), Y(3, 1), Y(4, 1), Y(1, 2) Y(2, 2), Y(3, 2), Y(4, 2), Y(1, 3), Y(2, 3), Y(3, 3), Y(4, 3) in dieser Reihenfolge ausgegeben.

Eine *laufende Liste* ist gegeben durch

(‹beliebige Liste›, ‹Laufangabe›).

Die Laufangabe ist von der Form

‹Laufvariable› = ‹Anfang›, ‹Ende›, ‹Schrittweite›,

wobei die Angabe der Schrittweite fehlen kann. Die Laufangabe ist ebenso zu verstehen wie bei der Laufanweisung (s. 3.2.3). Sie spezifiziert, welchen Bereich die in der Liste auftretende Laufvariable durchlaufen soll.

Beispiele:

```
READ   (N,16) (X(I),I = 1,
       7,2)
WRITE  (11,17) A, B, (X(I),
       I = 1,6),
       (SY(I), I = 1,4)
READ   (12,23) C, ((G1(I,J),
       J = 1,N),
       I = 6,M,2)
WRITE  (11, 12) ((Y(K, L),
       K = 1, 4), L = 1,
       3) [1]
```

Dabei hat das letzte Beispiel die gleiche Bedeutung wie

WRITE (11, 12) Y,

wenn Y wie oben definiert ist. Im zweiten Beispiel werden der Reihe nach die Werte von A, B, X(1), X(2), ..., X(6), SY(1), SY(2), ..., SY(4) ausgedruckt.

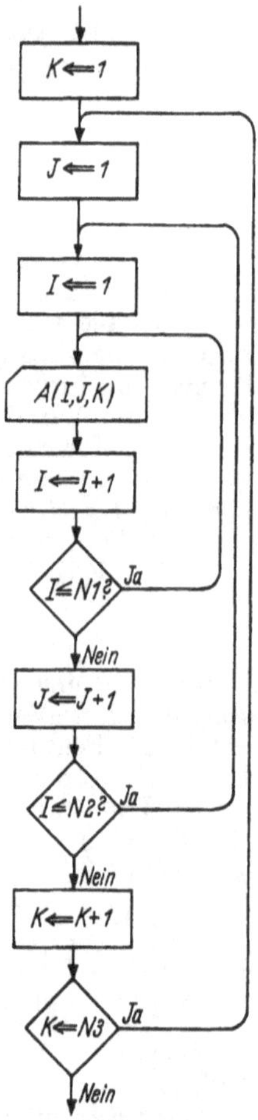

Abb. 9

[1] Aus Platzgründen sind die zweite und dritte Anweisung hier in zwei Zeilen gedruckt. Beim Programmieren in FORTRAN ist jede Anweisung in eine Zeile zu schreiben (Ausnahme siehe in 3.4).

WRITE (K, 12) (X, I = 1, 10)

bewirkt die zehnmalige Ausgabe des Wertes von X.

3.3.3 Die Formatbeschreibungen

Eine Formatanweisung besitzt folgende Form:

FORMAT (‹Formatbeschreibung›).

Die *Formatbeschreibung für die Ein- und Ausgabe ganzer Zahlen* hat die Form

I ‹ganze Zahl›.

Sie besagt, wieviele Anschläge auf dem E-A-Gerät für die Dezimalzahl benötigt werden. Dabei zählt das Vorzeichen mit. Mit

```
   WRITE (12, 11) M, L, K2, N(4), N(K2), N3
11 FORMAT (I4, I4, I2, I4, I4, I2)
```

wird folgendes Ausgabebild erzeugt:

−123␣124␣6␣976␣−86−2[2]

Man muß beachten, daß hiermit nur die externe Darstellung der Zahlen beschrieben wird; die interne ist hiervon unabhängig und durch die verwendete Rechenanlage vorgeschrieben.

Eine Vereinfachung können wir mit dem *Wiederholungsfaktor* erreichen, der vor dem Kennbuchstaben I anzugeben ist. Das gleiche Format, wie das oben angegebene, kann daher durch

```
11 FORMAT (2I4, I2, 2I4, I2)
```

beschrieben werden. Der Wiederholungsfaktor ist auch auf Gruppen von Formatbeschreibungen anwendbar, die dann einzuklammern sind:

```
11 FORMAT (2(2I4, I2)).
```

Für die *Ein- und Ausgabe reeller Zahlen* stehen mehrere Möglichkeiten zur Auswahl. Die Formatbeschreibung

[2] Das Symbol ␣ bedeutet, daß dort auf dem Ausgabegerät ein Zwischenraum erscheint.

F ‹Anzahl aller Anschläge›. ‹Anzahl der Stellen nach dem Komma›

ist eine *Festpunktausgabe.*

```
      DIMENSION X(5)
      WRITE (17, 26) X
26    FORMAT (F6.2, 2F8.4, 2F6.3)
```

liefert folgendes Ausgabebild

␣␣1.12␣–6.2300␣␣␣.002312.345–3.100

Wichtig ist dabei, daß auch der Punkt bei der Anzahl der Anschläge mitgezählt werden muß. Bei der Herstellung von Eingabedaten kann der Programmierer etwas großzügig sein. So kann er alle Nullen durch Zwischenräume ersetzen und den Dezimalpunkt weglassen, da dieser durch die zweite Ziffer in der Formatbeschreibung festgelegt ist. Ist der Punkt vorhanden, steht er aber an einer anderen Stelle, als im Format beschrieben, so ist der vorhandene Punkt maßgebend. Übereinstimmen muß jedoch die Anzahl der Zeichen. Die gleichen Werte wie oben können demnach mit dem gleichen Format in der folgenden Form eingelesen werden:

␣␣1.12␣–6.23␣␣␣␣␣␣␣␣23␣12345␣␣–3.1.

Eine *Gleitpunktausgabe mit Dezimalexponent* liefert die Formatbeschreibung (E-Konvertierung)

E ‹Anzahl aller Anschläge›. ‹Anzahl der Stellen nach dem Komma›.

Bei der Anzahl der Anschläge ist der Exponent in der Form

E ‹ganze Zahl mit oder ohne Vorzeichen›

mitzurechnen, wobei das E zur Einleitung des Exponenten fehlen kann.

```
      READ (18, 29) A, B, C, D
29    FORMAT (E11.4, E9.2, E7.4, E17.12)
```

kann Eingabedaten in folgender Form einlesen:

␣26.7851E–2–12345E14–7653–10.135789468012E1␣.

Das Ergebnis dieser Eingabeanweisung ist:

$$A = 0{,}267851 \qquad B = 123{,}45 \times 10^{14}$$
$$C = -\,0{,}07653 \qquad D = 1357894680{,}12$$

Bei der Ausgabe wird die Zahl so normiert, daß die Mantisse zwischen 0,1 und 1,0 liegt, d. h. die erste signifikante Stelle steht auf der ersten Stelle hinter dem Dezimalpunkt. Der Exponent wird stets mit vier Anschlägen geschrieben. Die ersten beiden Werte des letzten Beispiels würden mit der gleichen Formatbeschreibung ausgegeben als:

␣0.2679E+00−0.12E+17.

Die dritte Formatbeschreibung ist für den dritten Wert nicht geeignet, da 4 Stellen hinter dem Komma, 4 Stellen Exponent und der Dezimalpunkt bereits 9 Stellen ergeben, insgesamt aber nur 7 Stellen angegeben sind.

Zur *Ein- und Ausgabe doppeltgenauer Zahlen* dient die D-Konvertierung, die genau der E-Konvertierung entspricht. Überall, auch im Exponenten, wird E durch D ersetzt.

Eine besondere *Formatbeschreibung für komplexe Zahlen* gibt es nicht. Statt dessen ist für den Real- und Imaginärteil je eine reelle anzugeben.

Die verschiedenen Formatbeschreibungen können auch gemischt verwendet werden. Beispiel 3.1 können wir durch folgende Ausgabeanweisungen ergänzen:

```
17   FORMAT (6F10.4, 2E14.6)
     WRITE (9, 17) A, B, C, D, E, F, X1, X2.
```

Dabei werden die Parameter mit vier Stellen hinter dem Punkt und bis zu 5 Stellen vor dem Punkt und die Ergebnisse als Gleitpunktzahlen mit sechs Stellen ausgegeben. Wir haben in beiden Fällen die Gesamtzahl der Anschläge recht groß gewählt und so Zwischenraum zwischen den Spalten erreicht.

Eine andere Art, Zwischenraum zu erzeugen, ist die Formatbeschreibung

‹ganze Zahl ohne Vorzeichen› X .

Sie veranlaßt die Ausgabe der angegebenen Anzahl von Zwischenräumen. Bei der Eingabe bewirkt sie, daß die nächsten Anschläge in der gegebenen Anzahl übersprungen werden.

Wollen wir erreichen, daß die Werte in Spalten und Zeilen geordnet erscheinen, so können wir den Schrägstrich verwenden, der in der Formatbeschreibung den Beginn einer neuen Zeile, Karte usw. bedeutet:

```
18    FORMAT (2(3F10.4/)/2E14.6)
      WRITE (9, 18) A, B, E, C, D, F, X1, X2 .
```

In diesem Fall werden A, B, E mit dem Format F10.4 in eine Zeile gedruckt und dann C, D, F mit dem gleichen Format in die nächste. Die Ergebnisse X1 und X2 werden mit E14.6 ausgegeben, wobei zu den Parametern eine Zeile Abstand bleibt, denn der erste Schrägstrich steht noch in der Klammer, die mit dem Wiederholungsfaktor versehen ist, so daß zwischen C, D, F und X1, X2 zweimal ein Zeilenwechsel erfolgt.

Zur Ausgabe von Zeichenketten dient die Formatbeschreibung

‹ganze Zahl› H ‹Zeichenkette›.

Die ganze Zahl gibt dabei an, wie viele Zeichen die Zeichenkette einschließlich der Zwischenräume enthält.

Ein Beispiel ist

```
      WRITE (76, 78)
78    FORMAT (20HDIE␣LOESUNGEN␣SIND:␣) .
```

Wird nur Text ausgegeben, so erscheint natürlich keine Liste mit Variablen. Das obenerwähnte Beispiel läßt sich dann noch ergänzen zu:

```
19    FORMAT (//8HEINGABE://2(3F10.4/)/
                   8HLOESUNG://2E14.6)
      WRITE (9, 19) A, B, E, C, D, F, X1, X2 ,
```

wobei die ausgedruckten Größen durch die Überschriften

EINGABE: und *LOESUNG:*

näher charakterisiert werden.

Die erste Druckstelle eines Datensatzes hat eine besondere Bedeutung. Sie regelt bei Ausgabe auf einem Drucker den Zeilenvorschub und wird selbst nicht mit ausgedruckt:

Zwischenraum	= eine Zeile Vorschub
0	= zwei Zeilen Vorschub
1	= Vorschub bis zur 1. Zeile der nächsten Seite
+	= kein Vorschub

In diesem Sinn sind alle bisherigen Beispiele zu ergänzen. Das letzte ist gleichbedeutend mit:

```
19  FORMAT (9H0EINGABE://2(X,3F10.4/)/
    8HLOESUNG://2E14.6)
```

In der Regel ist ein Datensatz durch die Information gegeben, die bei einer Ausgabeanweisung ausgegeben wird. Bei einem Schrägstrich in der Formatbeschreibung wird jedoch ein neuer Datensatz begonnen. Eine Eingabeanweisung liest stets ganze Datensätze. Das Einlesen des nächsten Datensatzes wird durch den Schrägstrich verlangt.

3.4 Der Programmaufbau

Die Lochkarte hat die Form, in der FORTRAN-Anweisungen dem Rechenautomaten übermittelt werden, nachhaltig beeinflußt. Im allgemeinen umfaßt eine Lochkarte 80 Spalten, in denen jeweils ein Zeichen dargestellt werden kann. FORTRAN benutzt folgende Aufteilung (Abb. 10): Die Informationen, die das Programm

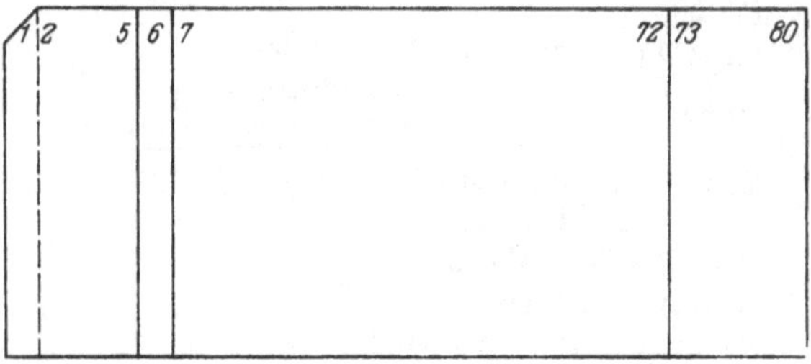

Abb. 10

darstellen, werden nur in die Spalten 1 bis 72 eingetragen. Die Spalten 73 bis 80 sind für das Programm ungültig und dienen zur Numerierung oder Bezeichnung der Lochkarten. Die eigentliche Anweisung wird in die Spalten 7 bis 72 geschrieben, die Spalten 1 bis 5 enthalten die Marke. Die Spalte 6 gibt an, ob die Karte eine Fortsetzung der vorhergehenden Anweisung ist. Sie enthält dann in der 6. Spalte weder die Ziffer 0 noch das Leerzeichen.

Eine *Kommentarkarte* enthält in Spalte 1 den Buchstaben C. Die Kommentarkarte enthält keine für das Programm relevante Information. Sie dient lediglich dem Programmierer. Eine *Endkarte* enthält ab Spalte 7 das Symbol END. Die Spalten 1 bis 6 sind leer. Eine Endkarte ist die letzte Karte jedes Programmes.

Der *Programmaufbau* entspricht etwa dem in ALGOL 60. Das Programm beginnt mit den Vereinbarungen, sofern solche erforderlich sind. Formatanweisungen und Kommentarkarten können beliebig zwischen den Vereinbarungen und den übrigen Anweisungen eingestreut werden. Das Programm wird von einer Endkarte abgeschlossen.

Das schon mehrfach erwähnte Programm zur Lösung eines linearen Gleichungssystems könnte also folgende Gestalt haben:

Beispiel 3.8

```
      REAL M
      READ (50, 12) A, B, C, D, E, F
C     A, B, C, D = KOMPONENTEN DER
                   KOEFFIZIENTENMATRIX
C     E, F = KOMPONENTEN DER RECHTEN
             SEITE
      M = A * D - B * C
      IF (M) 15, 16, 15
15    X1 = (D * E - B * F)/M
      X2 = (A * F - C * E)/M
```

```
C   X1, X2 = LOESUNGEN
    WRITE (51, 20) X1, X2
20  FORMAT (13H␣LOESUNGEN␣␣␣, 2E13.6)
    GOTO 17
16  WRITE (51, 21)
21  FORMAT
    (30H␣KOEFFIZIENTENDETERMINANTE
      ␣ = ␣0)
12  FORMAT (6F6.2)
17  CONTINUE
    END³
```

Als weiteres Beispiel werde die Fortschreibung von Bausparkonten betrachtet. Die Eingabe umfasse für jeden Bausparer eine Lochkarte mit folgenden Angaben:

Spalte 1— 7: Vertragsnummer
„ 11—20: Kontostand am Jahresanfang
„ 21—30: Summe der Einzahlungen im 1. Quartal[4]
„ 31—40: Summe der Einzahlungen im 2. Quartal
„ 41—50: Summe der Einzahlungen im 3. Quartal
„ 51—60: Summe der Einzahlungen im 4. Quartal

Die Verzinsung der Einzahlungen beginne jeweils mit dem folgenden Quartal. Der Zinssatz werde am Anfang des Programmlaufs im Format F4.1 eingelesen. Die Ausgabe soll für jeden Bausparer eine Lochkarte mit:

Spalte 1— 7: Vertragsnummer
„ 11—20: Kontostand am Ende des Jahres

umfassen. Diese Aufgabenstellung läßt sich mit folgendem Programm lösen:

Beispiel 3.9

```
    DIMENSION E(4)
    REAL KA, KE
    LKE =
```

[3] Die 3. und 4., die 5. und 6. sowie die 16. bis 18. Zeile des Programms gehören beim Programmieren in eine Zeile.

[4] Die Zusammenfassung aller Einzahlungen eines Quartals erfolgt wegen der übersichtlicheren Darstellung.

```
      LKA =
      READ (LKE, 1) P
1     FORMAT (F4.1)
      P = P/400
4     READ (LKE, 2) VN, KA, E(1), E(2), E(3), E(4)
2     FORMAT (I7, 3X, 5F10.2)
      IF (VN) 5,5,6
6     Z = 0
      KE = KA
      DO 3 I = 1,4
      Z = KE * P + Z
3     KE = KE + E(I)
      KE = KE + Z
      WRITE (LKA, 2) VN, KE
      GOTO 4
5     CONTINUE
      END
```

Das Programm ist so eingerichtet, daß das Auftreten einer leeren Lochkarte den Programmlauf beendet. In der 3. und 4. Zeile sind noch die Nummern der Lochkarteneingabe und -ausgabe einzutragen. Diese sind von Installation zu Installation verschieden.

3.5 Magnetbandbenutzung

Bei der Benutzung von Magnetbändern als Zwischenspeicher, Ein- oder Ausgabe werden Datenmengen ebenfalls zu Datensätzen zusammengefaßt. Werden Magnetbänder nur als Ein- oder Ausgabegeräte benutzt, so gelten die Aussagen von 3.3 unverändert.

Zur Zwischenspeicherung auf Magnetbändern werden häufig Anweisungen ohne Formatangabe benutzt. In diesem Fall werden die Daten auf dem Magnetband binär verschlüsselt dargestellt. Die Anweisungen hierzu lauten:

READ (‹Gerätenummer›) ‹Liste›

READ (‹Gerätenummer›)

WRITE (‹Gerätenummer›) ‹Liste›.

Die Ausführung einer READ-Anweisung bewirkt die Eingabe des nächsten Satzes. Die Zahl der Listenelemente darf nicht größer sein als die Zahl der Daten des Satzes. Ist keine Liste angegeben, so bedeutet dies, daß das Band um die Länge des nächsten Satzes weitergespult wird.

Die Ausführung einer WRITE-Anweisung erzeugt auf dem Band einen neuen Satz, indem die Daten der Liste ausgegeben werden. Alle Datensätze, die vor Ausführung dieser Anweisung auf dem Band vorhanden waren und hinter dem eben geschriebenen Satz lagen, sind dann nicht mehr definiert.

Haben wir z. B. auf dem Band 10 Sätze stehen, und befinde sich das Band am Anfang des fünften. Die Ausführung einer WRITE-Anweisung bedeutet dann, daß ein neuer 5. Satz geschrieben wird. Es stehen dann fünf Sätze auf dem Band, nämlich die vier ersten wie bisher und der neue.

Das Gerät bleibt stets am Ende des zuletzt gelesenen oder geschriebenen Satzes stehen; um es weiter zu bewegen, ohne daß dabei gelesen oder geschrieben wird, stehen noch die Anweisungen

REWIND ‹Gerätenummer›

BACKSPACE ‹Gerätenummer›

zur Verfügung. Nach einer REWIND-Anweisung befindet sich das Gerät am Anfangspunkt des Bandes. Bei einer BACKSPACE-Anweisung wird das Band um einen Satz zurückgespult.

Die Folge

```
DIMENSION A(10), B(5)
READ(39) A
BACKSPACE 39
READ (39) B
```

erreicht, wenn der Satz, an dessen Anfang sich das Band zu Beginn befindet, zehn Daten umfaßt, daß seine Werte in dem Vektor A und die fünf ersten Werte noch einmal in dem Vektor B abgespeichert werden.

4. Ergänzungen zur Programmiersprache ALGOL 60

4.1 Die Blockstruktur

4.1.1 Blöcke, lokale und nicht-lokale Größen

Jedes Programm ist aus einem Vereinbarungs- und einem Anweisungsteil zusammengesetzt. Eine derartige

Einheit gilt als selbständige Anweisung und wird Block genannt:

> Ein *Block* hat die Form:
> **begin** Vereinbarungsteil;
> Anweisungsteil;
> **end**

Man hat die Möglichkeit, in einem Programm mehrere solcher Blöcke nebeneinander oder ineinandergeschachtelt zu benutzen, wobei sich der Gültigkeitsbereich aller im Vereinbarungsteil eines Blockes definierten Größen und der im Anweisungsteil vorkommenden Marken nur auf diesen einen Block erstreckt. Außerhalb sind sie nicht erreichbar, und wir nennen sie daher *lokale* Größen. Handelt es sich um eine Variable, so wird deren Wert beim Verlassen des betreffenden Blockes gelöscht und ist auch beim Wiedereintritt in diesen Block nicht mehr definiert. Alle anderen Größen, d. h. diejenigen, die nicht in dem Block definiert sind, haben auch außerhalb dieses Blockes eine Bedeutung. Sie heißen *nicht-lokale* oder *globale* Größen:

1: **begin integer** A, B; **real** C; ....
2: **begin integer** D; 3: .... **end**; ...
end

In diesem Beispiel sind bzgl. des mit 2 markierten Blockes die Variable D und die Marke 3 lokal, die Variablen A, B, C dagegen global. Diese und die Marke 2 sind lokal bzgl. des mit 1 markierten Blockes.

Jedes Programm ist ein Block, der außer den Standardfunktionen nur lokale Größen enthält.

4.1.2 Blockschachtelung

Die Blockschachtelung bedarf noch einer besonderen Betrachtung. Es ist nämlich durchaus möglich, in einem Block Namen wiederzuverwenden, die in einem anderen bereits in einer anderen Bedeutung benutzt wurden.

Dadurch können Überschneidungen auftreten, die nach besonderen Vorschriften behandelt werden.

B_1 sei ein Block mit dem Vereinbarungsteil V_1 und dem Anweisungsteil A_1. A_1 enthalte seinerseits einen Block B_2 mit V_2 und A_2. Ist a eine Variable, so sind die folgenden drei Fälle interessant:

1. a ist deklariert in V_1, aber nicht in V_2.
2. a ist nicht deklariert in V_1, aber in V_2.
3. a ist sowohl in V_1 als auch in V_2 deklariert.

Im ersten Fall ist a lokal bzgl. B_1 und nicht-lokal bzgl. B_2. Es hat in B_2 die gleiche Bedeutung wie im gesamten Block B_1. Im zweiten Fall ist a lokal bzgl. B_2, in den übrigen Teilen von B_1 aber überhaupt nicht definiert. Der Zahlenwert, den a in B_2 erhält, ist im übergeordneten Block B_1 nicht verfügbar. Im dritten Fall schließlich ist a sowohl bzgl. B_1 als auch bzgl. B_2 lokal. Da B_2 in B_1 enthalten ist, tritt eine Überschneidung auf, die folgendermaßen behoben wird: Erhält a vor dem Eintritt in B_2 einen Zahlenwert zugeordnet, so wird dieser aufbewahrt bis zum Wiederaustritt aus B_2 und ist dann wieder verfügbar. In B_2 dagegen hat a eine neue Bedeutung, die beim Verlassen von B_2 wieder gelöscht wird.

Das gleiche gilt für Marken. Dadurch ergeben sich zwei Regeln:

1. Eine Sprunganweisung, die außerhalb eines Blockes steht, kann sich nie auf eine Marke innerhalb dieses Blockes beziehen.
2. Eine Sprunganweisung, die innerhalb eines Blockes steht, führt zu der entsprechenden Marke innerhalb dieses Blockes. Nur wenn dort kein solches Sprungziel angegeben ist, führt sie zu der entsprechenden Marke im übergeordneten Block.

Als Beispiel betrachten wir folgendes Programm:

Beispiel 4.1:

```
begin integer a, b, c;
       a := 1; b := a + 1;
M1:   if a < 1 then go to M3;
```

```
M2:  c := b + 1;
     begin integer a, d;
     M1:  a := 3 × b − c; b := a + 1; d := a + b − 1;
          if a < 5 then go to M1;
          if d < 20 then go to M2;
          b := c − a
     end B2;
M3:  a := b + c − 3 × a; b := b + 8;
     if b ≦ 0 then go to M1
end B1
```

Verfolgen wir den Verlauf dieses Programms, so ergibt sich:

In Block B1: a := 1; b := a + 1, d. h. b := 2;
a < 1 ist nicht erfüllt (a = 1);
c := b + 1, d. h. c := 3;

In Block B2: a := 3 × b − c, d. h. a := 3;
b := a + 1, d. h. b := 4;
d := a + b − 1, d. h. d := 6;
In diesen Anweisungen des Blockes B2 ist ein anderes a gemeint als oben in B1!
a < 5 ist erfüllt (a = 3); Sprung nach M1 in Block B2;
a := 3 × b − c, d. h. a := 9;
b := a + 1, d. h. b := 10;
d := a + b − 1, d. h. d := 18;
a < 5 ist nicht erfüllt (a = 9);
d < 20 ist erfüllt (d = 18); Sprung nach M2.
Da es in B2 keine Marke M2 gibt, ist die Marke M2 des übergeordneten Blockes B1 als nichtlokale Marke hier definiert.

In Block B1: c := b + 1, d. h. c := 11;

In Block B2: a := 3 × b − c, d. h. a := 19;
b := a + 1, d. h. b := 20;
d := a + b − 1, d. h. d := 38;
a < 5 ist nicht erfüllt (a = 19).
d < 20 ist nicht erfüllt (d = 38).
b := c − a, d. h. b := − 8;

In Block B1: a := b + c − 3 × a, d. h. a := 0;
Man beachte, daß nach Verlassen von B2 das dort definierte a ungültig und das alte a von B1 wieder gültig ist (a = 1).
b := b + 8, d. h. b := 0;
b ≦ 0 ist erfüllt; Sprung nach M1 in Block B1;
a < 1 ist erfüllt; Sprung nach M3 in Block B1;
a := b + c − 3 × a, d. h. a := 11;
b := b + 8, d. h. b := 8;
b ≦ 0 ist nicht erfüllt (b = 8).

4.1.3 Die zusätzliche Vereinbarung own

Soll verhindert werden, daß der Zahlenwert einer lokalen Variablen beim Verlassen des Blockes, in dem sie deklariert ist, undefiniert wird, so ist sie zusätzlich als **own** zu vereinbaren, z. B.:

own real a, b

Handelt es sich bei der **own**-Deklaration um eine Feldvereinbarung, so darf die Kennzeichnung des Zahlentyps niemals weggelassen werden. Es muß also z. B. immer heißen

own real array a [1:9]

Die Werte der auf diese Weise deklarierten Variablen oder Feldkomponenten werden beim Verlassen des Blockes aufbewahrt und sind bei einem Wiedereintritt wieder verfügbar. Im übergeordneten Block können sie jedoch nicht erreicht werden.

4.1.4 Dynamische Felder

Da die Feldvereinbarungen dazu dienen, Speicherplatz für eine gewisse Anzahl Komponenten zu reservieren, müssen die Indexgrenzen vor dem Eintritt in den betreffenden Block bekannt sein. Im äußersten Block des Programmes können sie deshalb nur unter Berücksichtigung von Konstanten und Standardfunktionen angegeben werden.

Mit Hilfe der Blockstruktur läßt sich die Komponentenzahl eines Feldes dagegen variabel halten. Wird das betreffende Feld nämlich in einem inneren

Block des Programmes deklariert, so hat man die Möglichkeit, die Indexgrenzen mit Hilfe nicht-lokaler Variabler zu definieren und diesen im übergeordneten Block jeweils die gewünschten Werte zuzuordnen.

Typisch für die Verwendung solcher *dynamischer Felder* ist z. B. der folgende Programmbeginn:

```
begin integer n;
      read(n);
      begin array a[1 : n]; ..............
```

Hier wird die Komponentenzahl von a erst durch eine vom Eingabegerät zu lesende Zahl festgelegt.

Als Beispiel wollen wir ein Programm zur Tabellierung von Polynomwerten (vergleiche Beispiel 2.13) aufstellen, das für jeden beliebigen Polynomgrad gelten soll. Die Eingabe umfasse

den Polynomgrad N,
die Koeffizienten A[N], A[N−1], ..., A[0],
die Tabellengrenzen X0 und X1,
die Tabellenschrittweite DX

Beispiel 4.2

```
begin integer N;
    read(N);
    begin integer I; real X, X0, X1, DX, P;
        array A[0:N];
        for I := N step −1 until 0 do
            read(A[I]); read (X0, X1, DX);
        for X := X0 step DX until X1 do
        begin P := A[N];
            for I := N−1 step −1 until 0 do
                P := P × X + A[I];
            print(X, P)
        end
    end
end
```

4.2 Ausdrücke und Anweisungen

4.2.1 Boolesche Ausdrücke

Wie wir in 2.4.2 gesehen haben, werden Vergleiche dazu benutzt, um die Ausführung einer Anweisung von gewissen Bedingungen abhängig zu machen. Sehr oft ist aber das dort angegebene Schema nicht ausreichend, um komplizierter gelagerte Fälle möglichst kurz und einfach behandeln zu können. Soll z. B. einer Variablen a dann der Wert 1 zugewiesen werden, wenn x entweder zwischen 0 und 1 liegt oder aber größer als 5 ist, so läßt sich das mit den bisher behandelten Mitteln nur in der folgenden Weise darstellen:

if x < 1 **then begin if** 0 < x **then** a := 1 **end**
else if 5 < x **then** a := 1

Solche Bedingungen werden oft vorteilhafter mit den booleschen Ausdrücken formuliert. Man ordnet einem Vergleich einen der Wahrheitswerte *richtig* oder *falsch* zu, je nachdem ob die Relation erfüllt ist oder nicht. Bei ALGOL 60 wurden dafür die Symbole **true** und **false** eingeführt. Jeder Wahrheitswert kann mit einer Zuordnungsanweisung einer Variablen zugewiesen werden. Zur Deklaration solcher boolescher Variabler dient das Typenvereinbarungszeichen **Boolean,** das ebenso wie **integer** und **real** gebraucht wird.

Beispiele:

Boolean a, RF, B1;
Boolean array A[1 : 10];
own Boolean x

Mit den booleschen Operatoren, die in Tab. 6 angegeben sind, können Wahrheitswerte, boolesche Variable und Vergleiche zu booleschen Ausdrücken verknüpft werden: Hiervon ist die Negation eine einstellige Operation, d. h. sie hat nur einen Operanden. Das Zeichen ¬ wird diesem vorangestellt. Alle anderen Operationen sind zweistellig, und die Operationszeichen stehen zwischen den Operanden. Die Ergebnisse, zu denen die Verknüpfungen führen, sind in Tab. 7 zusammengestellt.

Tab. 6

Symbol	Lies:	Operation
$\neg$	nicht	Negation
$\wedge$	und	Konjunktion
$\vee$	oder	Disjunktion
$\supset$	impliziert	Implikation
$\equiv$	äquivalent	Äquivalenz

Tab. 7

a b	**true** **true**	**true** **false**	**false** **true**	**false** **false**
$\neg$ a	**false**	**false**	**true**	**true**
a $\wedge$ b	**true**	**false**	**false**	**false**
a $\vee$ b	**true**	**true**	**true**	**false**
a $\supset$ b	**true**	**false**	**true**	**true**
a $\equiv$ b	**true**	**false**	**false**	**true**

Die Auswertung eines booleschen Ausdruckes verläuft wieder unter Beachtung einer gewissen Rangfolge der Operatoren. Da durch die Vergleiche arithmetische Ausdrücke innerhalb boolescher mitgeführt werden können, müssen neben den booleschen und den Vergleichsoperatoren auch die arithmetischen Operatoren berücksichtigt werden. Wir vervollständigen die Vorrangordnung von 2.2.4 wie folgt:

1. $\uparrow$
2. $\times \mid / \mid \div$
3. $+ \mid -$
4. $< \mid > \mid = \mid \geqq \mid \leqq \mid \neq$
5. $\neg$

6. $\wedge$
7. $\vee$
8. $\supset$
9. $\equiv$

Durch Setzen von runden Klammern können auch hier die Operationen in jeder gewünschten anderen Reihenfolge ausgeführt werden. Bei mehreren unmittelbar aufeinanderfolgenden gleichrangigen Operatoren wird von links nach rechts ausgewertet. Als Beispiel betrachten wir die in Tab. 8 ausgewerteten Ausdrücke.

Tab. 8

a b	**true** **true**	**true** **false**	**false** **true**	**false** **false**
$a \vee \neg b \equiv a \supset b$	**true**	**false**	**false**	**true**
$a \vee (\neg b \equiv a) \supset b$	**true**	**false**	**true**	**true**
$a \vee \neg (b \equiv a \supset b)$	**true**	**true**	**false**	**true**

Wie weiter oben ausgeführt wurde, ist der bei bedingten Anweisungen benutzte Vergleich nur ein Spezialfall des booleschen Ausdruckes:

> Eine *Bedingung* hat allgemein die Form
> **if** boolescher Ausdruck **then**
> und ist dann erfüllt, wenn der boolesche Ausdruck den Wert **true** hat.

Unser zu Beginn des Abschnittes behandeltes Beispiel kann somit einfacher in der Form

if $0 < x \wedge x < 1 \vee 5 < x$ **then** $a := 1$

geschrieben werden.

Ein Beispiel, in dem nutzbringend eine boolesche Größe verwandt werden kann, ist folgendes: In einer Liste von ganzzahligen Größen A[I] (I = 1,2,...,N) soll das Maximum gesucht und gleichzeitig festgestellt werden, ob der maximale Wert mehrfach auftritt. Wir ändern

Beispiel 2.14 zu diesem Zweck so ab, daß eine boolesche Größe B jedesmal **false** gesetzt wird, wenn ein neues Teilmaximum M (= Maximum des bisher untersuchten Teils der Zahlenfolge) gefunden wird. Ist eine Vergleichsgröße A[I] = M, so ist B auf **true** zu setzen:

Beispiel 4.3

```
M := A[1]; B := false;
for I : = 2 step 1 until N do
    if M < A[I]
      then begin M : = A[I];
                 B : = false
           end
      else B : = B ∨ M = A[I];
```

4.2.2 Bedingte Ausdrücke

Bei der zweiseitigen Form der bedingten Anweisung wird in Abhängigkeit vom Wert eines booleschen Ausdrucks eine von zwei Anweisungen ausgeführt. Ebenso läßt sich, wenn man die beiden Anweisungen durch arithmetische bzw. boolesche Ausdrücke ersetzt, der Wert eines der beiden Ausdrücke auswählen. Man erhält dadurch einen bedingten arithmetischen bzw. booleschen Ausdruck, der nach Einschließen in runde Klammern in jedem Ausdruck des entsprechenden Typs als Element verwendet werden kann. Überflüssig sind die Klammern nur dann, wenn der bedingte Ausdruck für sich allein steht. Z. B. ließe sich die Definition des Kronecker-Symbols

$$\delta_{ik} = \begin{cases} 1 & \text{für } i = k \\ 0 & \text{sonst} \end{cases}$$

in ALGOL 60 wie folgt formulieren

delta[i, k] : = **if** i = k **then** 1 **else** 0.

Bei einem bedingten Ausdruck gelten ähnliche Vorschriften wie bei der bedingten Anweisung: In der Form

if ‹boolescher Ausdruck› **then** ‹einfacher Ausdruck›
else ‹Ausdruck›

kann hinter **if** ein beliebiger boolescher Ausdruck (also auch wieder ein bedingter) stehen, hinter **then** dürfen bedingte Ausdrücke nur gesetzt werden, wenn sie in runden Klammern stehen, und der Ausdruck hinter **else** darf wieder beliebig sein.

Beispiele:

if x < 0 **then** (**if** x = k **then** 1 **else** 0) **else** — 1
if x ≧ 0 **then** — 1 **else if** x = k **then** 1 **else** 0
4 + 2 ↑ (**if** i = k **then** a **else** — a) + b

Besonders zu beachten ist, daß die einseitige Form der bedingten Anweisung nicht auf Ausdrücke übertragen werden darf.

4.2.3 Verteiler und Zielausdrücke

Ebenso wie wir Zahlen oder boolesche Größen in Feldern zusammenfassen und sie dann alle unter dem gleichen Namen erreichen können, dürfen wir auch Marken zu Feldern zusammenfassen. Allerdings sind diese nur eindimensional zulässig, und man nennt sie zur Unterscheidung von gewöhnlichen Feldern *Verteiler*. Eine weitere Besonderheit ist, daß die Komponenten eines Verteilers schon bei der Vereinbarung festgelegt werden und später im Anweisungsteil eines Blockes nicht mehr abgeändert werden können.

Eine *Verteilervereinbarung* hat die Gestalt

switch ‹Verteilername› : = ‹Verteilerliste›.

Die Verteilerliste besteht aus einer Aufzählung von Zielausdrücken, im einfachsten Fall aus Marken.

So wird z. B. durch die Vereinbarung

switch V : = M1, M2, M3, M4

der Verteiler V mit den Marken M1, M2, M3 und M4 besetzt. Durch die Sprunganweisung

goto V[i]

kann dann, je nachdem ob i den Wert 1, 2, 3 oder 4 hat, nach der ersten, zweiten, dritten oder vierten Marke gesprungen werden.

Marken und Verteiler bezeichnet man als einfache Zielausdrücke. Fernerhin hat man auch hier die Möglichkeit, bedingte Ausdrücke zu konstruieren:

if ‹boolescher Ausdruck› **then** ‹einfacher Zielausdruck›
else ‹Zielausdruck›.

Zu den einfachen Zielausdrücken gehören dabei auch bedingte, die in runden Klammern eingeschlossen sind. In die Verteilerliste der Vereinbarung darf statt einer einzelnen Marke jeder beliebige Zielausdruck eingetragen werden. Die hier eventuell auftretenden Variablen brauchen im Augenblick der Vereinbarung noch keinen Wert zu besitzen, da sie erst beim Auftreten einer sich darauf beziehenden Sprunganweisung ausgewertet werden.

Die Sprunganweisung hat allgemein die Gestalt

go to ‹Zielausdruck›.

Sie bezieht sich stets auf die Marke, die sich aus dem hinter **go to** stehenden Zielausdruck ergibt. Bei

go to if x > 0 **then** (**if** x = 1 **then** A **else** B) **else** Q[n]

wird ausgeführt:

für x ≦ 0 Sprung nach der sich aus Q[n] ergebenden Marke
für x = 1 Sprung nach A,
in allen anderen Fällen Sprung nach B.

4.2.4 Die allgemeine Form der Laufanweisung

Bei der *Laufanweisung*
for ‹Laufvariable› : = ‹Laufliste› **do**
‹Anweisung›
dient die Laufliste dazu, die einzelnen Wiederholungsschritte zu charakterisieren. Die Listenelemente werden durch Kommata voneinander getrennt und können sein:
a) arithmetische Elemente,
b) **step-until**-Elemente,
c) **while**-Elemente.

Das **step-until**-Element wurde in 2.4.4 beschrieben, das *arithmetische Element* erlaubt, einen arithmetischen Ausdruck für die Laufvariable einzusetzen. Das **while**-Element hat die Form

‹arithmetischer Ausdruck› **while** ‹boolescher Ausdruck›

und gibt der Laufvariablen solange den Wert des vor **while** stehenden arithmetischen Ausdruckes, wie der hinter **while** stehende boolesche Ausdruck den Wert **true** hat. Ist beispielsweise der Wert von a solange um s zu erhöhen, wie a negativ ist, so läßt sich das in ALGOL 60 folgendermaßen formulieren:

```
for i := s while a < 0 do a := a + i.
```

Das **while**-Element läßt sich besonders bei Iterationsverfahren verwenden. Ein Beispiel hierfür ist in 7.4 angegeben. Hier wollen wir eine Modifikation von Beispiel 2.12 programmieren: Die Potenzreihe soll nicht nach einer fest vorgegebenen Anzahl von Gliedern abgebrochen werden, sondern wenn das vorherige Glied a kleiner als $s.10^{-6}$ war.

Beispiel 4.4

```
s := a := 1;  m1 := 1/m + 1;
for i := 1, i+1 while abs(a) ≥ s × ₁₀−6 do
begin a := a × (m1 − i)/i × x;
      s := s + a
end
```

Die Laufliste besteht aus einem arithmetischen Element und einem **while**-Element. Das arithmetische Element ist hier notwendig, damit i einen Anfangswert besitzt.

Weitere Beispiele für Laufanweisungen sind:

```
for R := 1 step 1 until 10, 25, 36
   do S := S + a[R] − R;
for l := 1 step 1 until j − 1, j + 1 step 1 until n
   do S := S + l − j.
```

Während im ersten Fall R zunächst in regelmäßigen Schritten von 1 bis 10 läuft und anschließend noch die Werte 25 und 36 annimmt, durchläuft im zweiten Fall l alle natürlichen Zahlen von 1 bis n mit Ausnahme von j.

Das zweite dieser Beispiele spielt etwa bei der Nachprüfung des Zeilensummenkriteriums [6] eine Rolle.

Dabei ist für eine Matrix $A = (a_{ij})$ festzustellen, ob in allen Zeilen die Bedingung

$$c_i = \frac{1}{a_{ii}} \sum_{\substack{j=1 \\ j \neq i}}^{n} | a_{ij} | < 1$$

gilt. Wir setzen die Bedingung B zunächst **true**:

Beispiel 4.5

```
B : = true;
for I : = 1 step 1 until N do
begin S : = 0;
      for J : = 1 step 1 until I−1,
                 I + 1 step 1 until N do
                 S : = S + abs(A[I,J]);
      C[I] : = S/A[I,I];
      B : = B ∧ C[I] < 1
end
```

Bei der Laufanweisung für J ist wesentlich, daß das **step-until**-Element — wie auch das **while**-Element — übersprungen wird, wenn die Abbruchbedingung schon am Anfang erfüllt ist. Dies ist hier für I = 1 mit 1 **step** 1 **until** 0 und für I = N mit N + 1 **step** 1 **until** N der Fall.

4.3 *Metalinguistische Formeln*

Zur exakten syntaktischen Beschreibung von ALGOL 60 bediente man sich der sog. metalinguistischen Formeln von Backus [5]. In spitze Klammern ‹ und › werden Begriffe gesetzt, die zur umfassenden Kennzeichnung von ALGOL-Symbolen dienen, selbst aber nicht zur Sprache gehören. Man nennt sie metalinguistische Variable. Ferner werden noch die Zeichen : : = in der Bedeutung „ist definiert als“ und | in der Bedeutung „oder“ benutzt.

Mit Hilfe von : : = ordnet man einer metalinguistischen Variablen einen oder mehrere Werte zu. Z. B.

sind die Begriffe ‹Buchstabe› und ‹Ziffer› bei ALGOL 60 wie folgt definiert:

‹Buchstabe› : : = a | b | c | d | e | f | g | h | i | j | k |
l | m | n | o | p | q | r | s | t | u | v |
w | x | y | z |
A | B | C | D | E | F | G | H | I |
J | K | L | M | N | O | P | Q | R |
S | T | U | V | W | X | Y | Z

‹Ziffer› : : = 0 | 1 | 2 | 3 | 4 | 5 | 6 | 7 | 8 | 9

Damit ist festgelegt, welche Werte die Variablen ‹Buchstabe› und ‹Ziffer› annehmen können.

Eine besondere Bedeutung erhalten solche Formeln durch den Umstand, daß die zu definierenden Variablen auch rechts auftreten können. So ist z. B. der Begriff ‹Name› bei ALGOL 60 durch die Formel

‹Name› : : = ‹Buchstabe› | ‹Name› ‹Buchstabe› |
‹Name› ‹Ziffer›

definiert. Jeder Name läßt sich hiermit rekursiv aufbauen. Betrachten wir z. B. den Namen A1ab7. Durch mehrfaches Anwenden der obigen Formel erhält man ihn wie folgt:

‹Name› : : = ‹Name› 7 : : = ‹Name› b7 : : =
‹Name› ab7 : : = ‹Name› 1ab7 : : =
A1ab7.

4.4 Weitere Ein- und Ausgabeprozeduren

Für die Ein- und Ausgabe haben wir in 2.3.2 die ALCOR-Prozeduren read, print und write eingeführt. In [8] und [9] wurden weitere Ansätze zur Vereinheitlichung dieser Anweisungen gemacht.

4.4.1 Die IFIP-Prozeduren

Die Namen der IFIP-Prozeduren haben wir bereits in 2.1 aufgeführt. Die Prozedurpaare

inreal	outreal
ininteger	outinteger
inboolean	outboolean

dienen zum Einlesen beziehungsweise Ausdrucken einzelner Werte, wobei sowohl die Richtung des Datentransportes als auch der Typ des Wertes aus dem Namen der Prozedur ersichtlich ist. Der Aufruf von Eingabeprozeduren hat die Form

‹Name› (‹Gerätenummer›, ‹Variable›),

der der Ausgabeprozeduren die Form

‹Name› (‹Gerätenummer›, ‹Ausdruck›).

Im Unterschied zu read und print darf bei diesen Prozeduraufrufen jeweils nur eine Variable bzw. ein Ausdruck angegeben werden. Die Gerätenummer ist eine Konstante, Variable oder ein Ausdruck mit ganzzahligem Ergebnis.

Für die Ein- und Ausgabe reellwertiger Felder stehen

inarray
outarray } (‹Gerätenummer›, ‹Feldname›)

zur Verfügung, wobei jeweils ein volles Feld übertragen wird. Die Indizes laufen dabei entsprechend der Vereinbarung.

Zur Ein- und Ausgabe irgendwelcher Zeichenketten dienen

insymbol (‹Gerätenummer›, ‹Zeichenkette›, ‹Variable›)
outsymbol (‹Gerätenummer›, ‹Zeichenkette›, ‹Ausdruck›)

Da ALGOL 60 innerhalb des Programms keine Verarbeitung von Zeichenketten kennt, übersetzt insymbol jedes gelesene Zeichen in eine positive ganze Zahl; bei outsymbol geschieht die umgekehrte Übersetzung. Die Zuordnung zwischen Zeichen und Zahlen wird durch die angegebene Zeichenkette definiert: Tritt bei insymbol das erste Zeichen der Kette auf, so erhält die Variable den Wert 1, tritt das zweite auf, den Wert 2 usw. Hat umgekehrt der Ausdruck in outsymbol den Wert 1, so wird das erste Zeichen der Kette ausgegeben. Die ALGOL-Zeichen, die aus mehreren Anschlägen bestehen (wie etwa die Wortsymbole), werden nur als ein Symbol gewertet.

4.4.2 Die ACM-Prozeduren

Auch die Namen der ACM-Prozeduren haben wir in 2.1 aufgeführt. Wir wollen hier die wichtigsten an Beispielen erläutern: Wenn wir beispielsweise zwei reelle Zahlen X_1 und X_2 mit je drei Stellen vor und vier Stellen nach dem Punkt ausdrucken wollen, so können wir die Anweisung

output2 (G, 'DDD.DDDD, BBB, DDD.DDDD', X[1], X[2])

verwenden. Dabei bedeutet die 2 im Namen ouput2, daß zwei Werte auszudrucken sind, und G die Gerätenummer. Die Zeichenkette legt das Druckformat fest: D steht für Ziffer (engl.: digit), B für Zwischenraum (engl.: blank). Sind die Lösungen $X_1 = 6/5$ und $X_2 = 80/3$, so ergibt sich folgendes Druckbild:

001.2000␣␣␣026.6667

Die führenden Nullen werden unterdrückt, wenn wir auf den in Frage kommenden Positionen Z statt D schreiben:

'ZZD.DDDD, BBB, ZZD.DDDD'

mit

␣␣1.20000␣␣␣␣26.6667

Mehrfach auftretende Kennbuchstaben im Format können abgekürzt geschrieben werden:

'2ZD.4D, 3B, 2ZD.4D',

wobei auch eine Klammerung zur Wiederholung größerer Einheiten möglich ist:

'2(2ZD.4D, 3B)'

unterscheidet sich von dem bisherigen Beispiel nur dadurch, daß am Schluß noch drei Zwischenräume gedruckt werden.

Ein Schrägstrich im Format bedeutet, daß an dieser Stelle eine neue Zeile begonnen werden soll.

Eine ausführliche Darstellung findet sich in [9].

5. Unterprogrammtechnik in ALGOL und FORTRAN

5.1 Aufbau von Unterprogrammen

5.1.1 Mehrfach auftretende Rechenvorschriften

Es ist naheliegend, gewisse Rechenvorschriften, die in einem Programm mehrmals oder in verschiedenen Programmen immer wieder auftreten, nicht stets zu wiederholen, sondern mit einem Namen zu belegen, dessen Aufruf dann die Ausführung der gesamten Anweisungsfolge bewirkt. Man nennt eine solche Anweisungsfolge, versehen mit einigen zusätzlichen Angaben, ein *Unterprogramm.* Zu diesen Unterprogrammen gehören auch die bereits besprochenen Standardfunktionen und die Ein- und Ausgabeanweisungen.

Als einführendes Beispiel betrachten wir die Einkommensteuerformel[1]. Sei X das zu versteuernde

[1] Stand: 1969 (ohne Ergänzungsabgabe).

Einkommen (in DM), so bleibt es steuerfrei für $X < 1680$. Über dieser Grenze findet eine Abrundung auf den nächsten durch 30 (für $X \leq 48000$) bzw. durch 60 (für $X > 48000$) teilbaren Betrag statt, sofern X nicht schon durch 30 bzw. 60 teilbar ist. Dieser abgerundete Wert ergibt sich, wenn wir X durch 30 (bzw. 60) dividieren, im Ergebnis den Anteil hinter dem Punkt wegstreichen und dann wieder mit 30 (bzw. 60) multiplizieren. Wir haben also in ALGOL

Y: = 30 × entier(X/30)[2]

und in FORTRAN

Y = 30 × FIX(X/30.0)[2].

Danach bestimmt sich die Steuer in den beiden linearen Bereichen gemäß:

$$1680 \leq X \leq 8009: \quad ST = 0{,}19(Y - 1680)$$
$$110040 \leq X: \quad ST = 0{,}53Y - 11281$$

In den dazwischen liegenden Bereichen (Progression) gelten verschiedene Polynome dritten Grades:

$$8010 \leq X \leq 29999: \quad ST = 1201 + 190y + 7{,}764y^2 - 0{,}086y^3 \quad \text{mit } y = Y/1000 - 8$$
$$30000 \leq X \leq 77999: \quad ST = 8223 + 407y + 1{,}82y^2 - 0{,}012y^3 \quad \text{mit } y = Y/1000 - 30$$
$$78000 \leq X \leq 110039: \quad ST = 6358 + 382y + 1{,}572y^2 - 0{,}006y^3 \quad \text{mit } y = Y/1000 - 24$$

Der sich ergebende Betrag wird auf volle DM abgerundet (S).

Es liegt auf der Hand, daß für die beiden linearen Bereiche eine Formel

$$P \times Z - B$$

und für die drei Bereiche der Progression eine Formel

$$A_4 + A_3 Z + A_2 Z^2 - A_1 Z^3$$

[2] Ist X ganzzahlig vereinbart, so ist Y: = 30 × (X ÷ 30) bzw. Y = 30 × (X/30) möglich.

gilt (auf die wir das Hornerschema anwenden können), wobei für Z, P, B und die A_I von Fall zu Fall die entsprechenden aktuellen Werte einzusetzen sind. Wir wollen die Aufgabe so programmieren, daß X eingelesen wird und X und S ausgedruckt werden. Das Hauptprogramm ist in Abb. 11a, die beiden Unter-

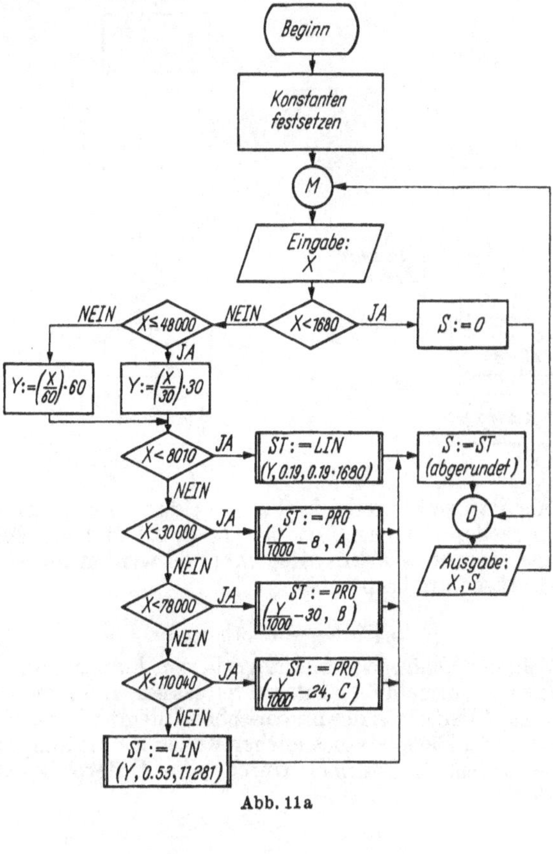

Abb. 11a

programme sind in den Abb. 11 b und 11 c dargestellt. Als Symbol für die Anwendung der Unterprogramme wird das rechteckige Kästchen mit verdoppelten senkrechten Kanten verwandt.

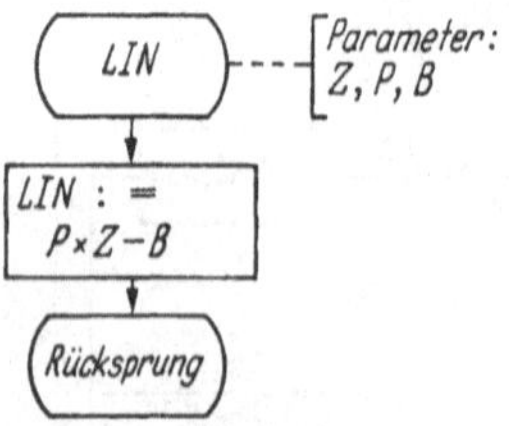

Abb. 11 b

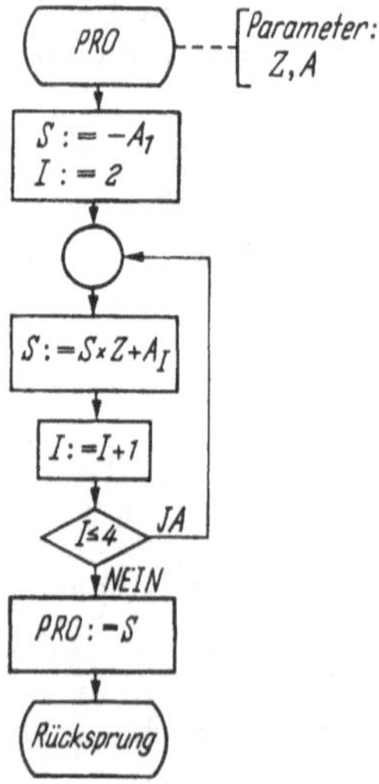

Abb. 11 c

Als *Parameter* treten in diesen beiden Unterprogrammen reelle, einfache Variable (Z, P, B) und ein Feldname (A) auf. Weitere Möglichkeiten werden im nächsten Abschnitt besprochen.

5.1.2 Ergebnisübergabe

Sehr oft benötigt man Integrale von Funktionen, die sich nicht formelmäßig integrieren lassen, und man muß dann auf Verfahren der numerischen Integration zurückgreifen. Als Beispiel eines solchen wollen wir die Simpsonsche Integrationsformel durch ein Unterprogramm realisieren:

$$\int_{x0}^{xn} y(x)dx \simeq \frac{h}{3}(y_0 + 4y_1 + 2y_2 + 4y_3 + \ldots$$
$$+ 2y_{n-2} + 4y_{n-1} + y_n),$$

wobei n (= Anzahl der Teilintervalle) gerade und h = (xn—x0)/n ist. Das Ablaufdiagramm für dieses

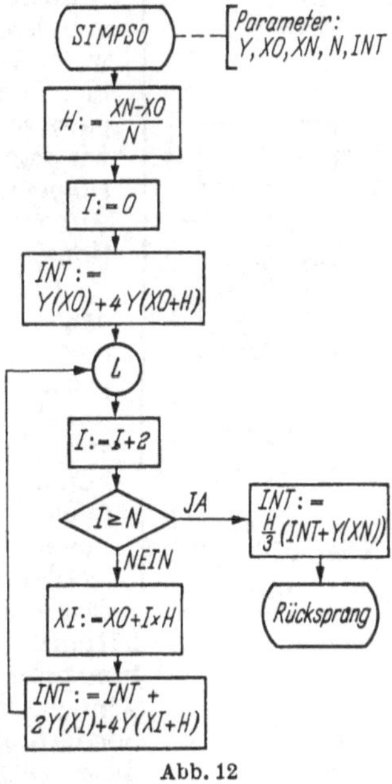

Abb. 12

Unterprogramm ist in Abb. 12 angegeben. Die Parameter sind

Y	= zu integrierende Funktion,
X0, XN	= Integrationsgrenzen,
N	= Anzahl der Teilintervalle,
INT	= Ergebnis.

Wir haben hier — im Gegensatz zu dem vorhergehenden Beispiel — das Ergebnis nicht dem Namen des Unterprogramms, sondern einem Parameter zugewiesen:

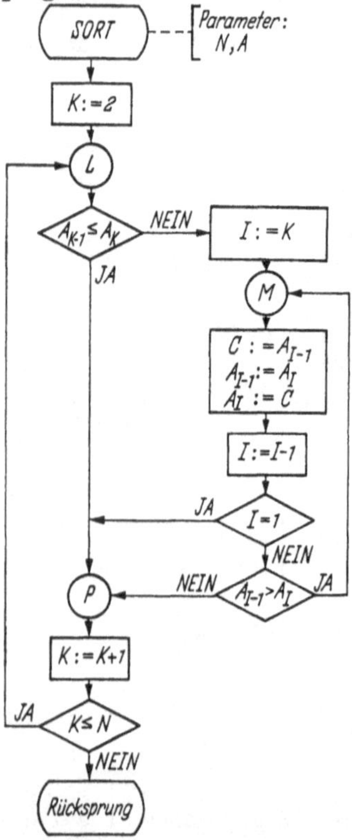

Abb. 13

Ein Unterprogramm ist eine *Funktionsprozedur*, wenn seinem Namen eines der Ergebnisse zugewiesen wird. Wird dem Namen kein Ergebnis zugewiesen, so sprechen wir von einer *Anweisungsprozedur*. Der Aufruf einer Funktionsprozedur erfolgt im Rahmen von Ausdrücken. Der Aufruf einer Anweisungsprozedur ist eine selbständige Anweisung. In beiden Fällen können Ergebnisse auch formalen Parametern zugewiesen werden.[3]

Das Beispiel SIMPSO hätten wir auch als Funktionsprozedur schreiben können. Bei folgendem Sortierproblem besteht diese Wahlmöglichkeit jedoch nicht mehr: Parameter sei ein Feld A_1, A_2, ..., A_N und die Zahl N. Das Unterprogramm soll die A_K so ordnen, daß anschließend $A_{K-1} \leq A_K$ (K = 2, ..., N) gilt. Die Vorgehensweise ist in Abb. 13 dargestellt. Das Ver-

[3] Die Standardfunktionen sind Funktionsprozeduren, die EA-Anweisungen Verfahrensprozeduren.

fahren läuft so ab, daß wir die erste Stelle K suchen an der $A_{K-1} \leq A_K$ nicht mehr gilt: Die beiden Größen werden miteinander vertauscht. Die bisher auf A_K stehende Größe (jetzt auf A_{K-1}) kann jedoch auch kleiner sein als noch weiter vorne stehende Größen: In der inneren Schleife wird sie so lange mit der jeweils vorhergehenden vertauscht, bis der ihr zukommende Platz erreicht ist. Das Ergebnis dieser Prozedur ist kein einzelner Funktionswert, sondern das geordnete Feld A.

5.1.3 Formale und aktuelle Parameter

Wie wir bereits im ersten Beispiel festgestellt haben, werden bei jedem Aufruf eines Unterprogrammes gewisse Namen oder Ausdrücke anstelle der Parameter eingesetzt. Mit diesen *aktuellen* Parametern werden die Rechenvorschriften des Unterprogramms ausgeführt. Die im Unterprogramm benutzten *formalen* Parameter haben daher keine feste Bedeutung, sondern kennzeichnen lediglich die Stellen, an denen die aktuellen Parameter einzusetzen sind:

> Die aktuellen Parameter müssen in Zahl und Reihenfolge mit den formalen übereinstimmen. Aus der Reihenfolge ergibt sich die gegenseitige Zuordnung. Beim Aufruf des Unterprogrammes wird jeder formale Parameter durch den zugeordneten aktuellen ersetzt.

Bei diesem Ersetzungsvorgang müssen richtig aufgebaute Anweisungen entstehen; hieraus ergeben sich einige Einschränkungen für die aktuellen und formalen Parameter:

> Die *formalen Parameter* können sein:
> a) einfache Variable,
> b) Feldnamen,
> c) Prozedurnamen.[4]
> Im Fall (a) kann der zugehörige *aktuelle Parameter* ein beliebiger Ausdruck sein, im Fall (b) nur ein

[4] ALGOL 60 kennt weitere Möglichkeiten (siehe 5.2.4).

Feldname und bei (c) nur ein Prozedurname, wobei die Anzahl der Indizes bzw. die Anzahl und Reihenfolge der Parameter mit der Verwendung im Unterprogramm übereinstimmen muß.

Es ist also nicht zulässig, SORT mit einem aktuellen Parameter X (für A) aufzurufen, der zwei Indizes besitzt, weil der formale Parameter A im Unterprogramm mit nur einem Index benutzt wird. Entsprechend kann SIMPSO nicht mit einer Funktion F (für Y) aufgerufen werden, die als F(X,Z) deklariert ist, oder mit einem G, das als G(A) mit einem Feldnamen A vereinbart ist.

Weitere Einschränkungen ergeben sich, wenn der Parameter zur Übergabe von Ergebnissen dienen soll. Dann muß der aktuelle Parameter so aufgebaut sein, daß er auf der linken Seite einer Ergibt-Anweisung stehen könnte:

Einer einfachen Variablen, die formaler Parameter ist, und einer indizierten Variablen, deren Feldname formaler Parameter ist, können im Unterprogramm *Ergebnisse* zugewiesen werden. Im Falle der einfachen Variablen darf der zugehörige aktuelle Parameter dann nur eine einfache oder indizierte Variable sein.

Würden wir zum Beispiel einen formalen Parameter Y in einer Anweisung Y : = 1.0 (im Unterprogramm) verwenden und für Y als aktuellen Parameter 4.0 einsetzen, so würde dies zu der sinnlosen Anweisung 4.0 : = 1.0 führen.

Außer den Standardunterprogrammen, zu denen insbesondere die früher besprochenen Standardfunktionen und die Ein- und Ausgabeanweisungen gehören, müssen alle Prozeduren vom Programmierer vereinbart werden:

Eine *Prozedurvereinbarung* umfaßt

a) die Kennzeichnung, ob es sich um eine Anweisungs- oder Funktionsprozedur handelt,

b) den Namen der Prozedur,
c) die in runden Klammern eingeschlossene Liste der formalen Parameter,
d) die Spezifikation der formalen Parameter,
e) die Rechenvorschrift.

Hat eine Prozedur keine Parameter — auch solche Beispiele gibt es —, so entfallen naturgemäß (c) und (d).

Die Formulierung der Prozeduren ist selbstverständlich in den einzelnen Programmiersprachen verschieden. Dies soll in den folgenden Abschnitten beschrieben werden.

5.2 Formulierung in ALGOL

5.2.1 Prozedurvereinbarung

Zur Kennzeichnung einer Prozedurvereinbarung werden in ALGOL 60 verwandt:

procedure für Anweisungsprozeduren,
‹Typ› **procedure** für Funktionsprozeduren,
wobei durch **integer, real** oder **Boolean** der Typ des Ergebnisses anzugeben ist, das dem Funktionsnamen zugewiesen wird.

Als Namen der Prozedur und der formalen Parameter sind beliebige Namen (siehe 2.1) zulässig, sofern ihnen keine feste Bedeutung vorbehalten ist und ihre Verwendung mit der Blockstruktur des Programmes in Einklang steht. (Die Prozedur gilt in jedem Fall als eigener Block.)

Durch die Spezifikationen können[5] wir festlegen, in welcher Weise die Parameter verwendet werden sollen:

Eine *Spezifikation* hat die Form
‹Spezifikator› ‹Liste formaler Parameter›;
Die Spezifikatoren sind in ALGOL:
‹Typ› | **array** | ‹Typ› **array** | **procedure** |
‹Typ› **procedure** | **label** | **switch** | **string**.

---

[5] Eine Spezifikation muß erfolgen, wenn der Parameter zusätzlich im Wertteil aufgeführt ist (s. 5.4.2). Es ist jedoch ratsam, grundsätzlich alle Parameter zu spezifizieren, nicht zuletzt zur eigenen Kontrolle.

Die Typenvereinbarungszeichen **integer, real** und **Boolean** werden als Spezifikatoren für einfache Variable verwandt; **array** und ‹Typ› **array** für Feldnamen, **procedure** für Namen von Anweisungsprozeduren und ‹Typ› **procedure** für Namen von Funktionsprozeduren. Im Falle der Felder und Prozeduren ist zu beachten, daß nur die Namen in der Spezifikation angegeben werden, also:

```
    array A, B;
    real procedure Y;
```

Indexgrenzen oder Parameter sind indirekt dadurch gegeben, daß beim Aufruf der Prozedur ein aktuelles Feld oder eine aktuelle Prozedur eingesetzt wird und für diese im aufrufenden Programm (Hauptprogramm) eine vollständige Vereinbarung vorliegt.

Die weiteren Spezifikatoren werden in 5.2.4 besprochen.

5.2.2 Übertragung der Beispiele

Wir wollen nunmehr die Prozedurvereinbarungen zu den Beispielen aus 5.1.1 und 5.1.2 in ALGOL 60 notieren. Die Vereinbarungen der beiden Unterprogramme aus dem Einkommensteuerbeispiel lauten:

Beispiel 5.1

```
real procedure LIN(Z, P, B); real Z, P, B;
     LIN : = P × Z − B;
real procedure PRO(Z, A); real Z; array A;
begin real S; integer I;
      S : = − A[1];
      for I : = 2,3,4 do S : = S × Z + A[I];
          PRO : = S
end
```

Während der Prozedurrumpf im ersten Unterprogramm nur eine Anweisung umfaßt und daher die Symbole **begin** und **end** überflüssig sind, liegt im zweiten Unterprogramm ein Block vor. Die Hilfsvariable S kann nicht durch PRO ersetzt werden, weil PRO im Zusammenhang PRO × Z einen erneuten Aufruf der Prozedur bewirken würde (siehe 5.2.5b).

Beispiel 5.2

```
procedure SIMPSO(Y, X0, XN, N, INT); real X0,
          XN, INT; integer N; real procedure Y;
begin real H, XI; integer I;
      H := (XN−X0)/N;
      INT := Y(X0) + 4 × Y(X0+H);
      for I := 2 step 2 until N − 2 do
      begin XI := X0 + I × H;
            INT := INT + 2 × Y(XI) +
                     4 × Y(XI+H)
      end;
      INT := H × (INT + Y(XN))/3
end
```

Einige Änderungen an dieser Prozedur sind erforderlich, wenn Y nicht für eine Funktionsprozedur, sondern für ein Feld steht. Dies ist zum Beispiel der Fall, wenn die Funktionswerte nicht durch eine Formel gegeben, sondern nur an den Stützstellen bekannt sind (etwa als Meßergebnisse). In einem solchen Fall kann SIMPSO nicht verwandt werden, und wir definieren hierfür eine neue Prozedur:

Beispiel 5.3

```
procedure SIMPNW(Y, N, H, INT); real H, INT;
          integer N; array Y;
begin integer I;
      INT := Y[0] + 4 × Y[1];
      for I := 2 step 2 until N−2 do
         INT := INT + 2 × Y[I] + 4 × Y[I+1];
      INT := H × (INT + Y[N])/3
end
```

Für den formalen Parameter Y muß dann aktuell ein Feld eingesetzt werden, das mit den Indexgrenzen 0 : N vereinbart ist.

Beispiel 5.4

```
procedure SORT(N, A); integer N; array A;
begin integer K, I; real C;
        for K := 2 step 1 until N do
        begin if A[K-1] ≤ A[K] then goto P;
                I := K;
        M:      C := A[I-1]; A[I-1] := A[I];
                A[I] := C;
                I := I - 1; if I = 1 then goto P;
                if A[I-1] > A[I] then goto M;
        P:
        end
end
```

In diesem Beispiel wäre es nicht exakt, eine Anweisung der Form

if I > 1 ∧ A[I−1] > A[I] **then goto** M

zu verwenden, weil im Falle I = 0 zwar der erste Teil des Ausdruckes den Wert **false** liefert[6], aber eine Auswertung des gesamten Ausdruckes nicht möglich ist, da mit A[0] eine Variable auftritt, deren Index außerhalb der vereinbarten Indexgrenzen liegt.

5.2.3 Prozeduraufruf

Am einfachsten ist der Aufruf der Funktionsprozedur:

> Eine *Funktionsprozedur* wird in der Form
> ‹Prozedurname› (‹Liste aktueller Parameter›)
> innerhalb arithmetischer oder boolescher Ausdrücke aufgerufen.

Die Form der aktuellen Parameter ergibt sich aus 5.1.3. Als Beispiel wollen wir das Programm zu Abb. 11a notieren:

Beispiel 5.5

```
begin real procedure LIN(Z, P, B); real Z, P, B;
            LIN := P × Z - B;
```

[6] Einige ALGOL-Compiler übersetzen jedoch boolesche Ausdrücke so, daß der Wert einer Konjunktion bereits dann **false** gesetzt wird, wenn dies für den ersten Operanden gilt.

```
      real procedure PRO(Z, A); real Z; array A;
      begin real S; integer I;
            S := - A[1];
            for I := 2,3,4 do S := S × Z + A[I];
            PRO := S
      end;
      array A, B, C [1:4]; integer X, S; real Y, ST;
      A[1] := 0.086; A[2] := 7.764; A[3] := 190;
      A[4] := 1201; B[1] := 0.012; B[2] := 1.82;
      B[3] := 407; B[4] := 8223; C[1] := 0.006;
      C[2] := 1.572; C[3] := 382; C[4] := 6358;
M:   read(X);
     if X < 1680 then begin S := 0; goto D end;
     if X ≤ 48000 then Y := 30 × entier(X/30)
                  else Y := 60 × entier(X/60);
     if X < 8010 then ST := LIN(Y, 0.19, 0.19 × 1680)
     else if X < 30000 then ST := PRO(Y/1000−8, A)
     else if X < 78000 then ST := PRO(Y/1000−30, B)
     else if X < 110040 then ST := PRO(Y/1000−24, C)
     else ST := LIN(Y, 0.53, 11281);
     S := entier(ST);
D:   print(X,S); goto M;
end
```

Die Prozedurvereinbarung gehört — wie der Name bereits sagt — zu den Vereinbarungen:

> Die *Prozedurvereinbarung* muß im Vereinbarungsteil des Programmes angegeben werden. Dabei ist in der Regel die Reihenfolge der einzelnen Vereinbarungen gleichgültig[7]. Enthält das Programm auf Grund der Blockstruktur an verschiedenen Stellen Vereinbarungen, so muß die Prozedur so eingetragen werden, daß alle Prozeduraufrufe im Gültigkeitsbereich der Vereinbarung liegen (siehe 4.1.2).

---

[7] Benutzt ein Prozedurrumpf globale Namen (s. 5.2.3), so schreiben einige Implementierungen vor, daß diese Namen zuerst vereinbart sein müssen.

Selbstverständlich gehört hierzu auch die Möglichkeit, eine Prozedur im Rumpf einer anderen zu vereinbaren.

Die Anweisungsprozeduren werden mit einer Prozeduranweisung aufgerufen:

> Die *Prozeduranweisung* hat die Form
> ‹Prozedurname› (‹Liste aktueller Parameter›)
> und ist eine eigenständige Anweisung.

Als Beispiel für den Aufruf der Prozedur SORT wollen wir ein Programm zur Lösung folgender Aufgabe aufstellen: Eine Menge A von 100 Zahlen soll eingelesen und sortiert werden; außerdem sollen die Beträge dieser Zahlen in einem Feld B sortiert werden:

Beispiel 5.6

```
begin procedure SORT(N, A); integer N; array A;
      begin integer K, I; real C;
            for K : = 2 step 1 until N do
            begin if A[K-1] ≤ A[K] then goto P;
                  I : = K;
            M:    C : = A[I-1]; A[I-1] : = A[I];
                  A[I] : = C;
                  I : = I-1; if I = 1 then goto P;
                  if A[I-1] > A[I] then goto M;
            P:
            end;
      end SORT;
      array A, B[1 : 100]; integer I;
      for I : = 1 step 1 until 100 do
      begin read(A[I]); B[I] : = abs(A[I]) end;
      SORT(100, A);
      SORT(100, B);
      for I : = 1 step 1 until 100 do print(A[I], B[I])
end
```

Entsprechend lassen sich auch Beispiele für den Aufruf von SIMPSO angeben. Dabei muß jedoch beachtet werden, daß Y als Funktionsprozedur mit *einem* Parameter benutzt wird. Es ist also nicht möglich, für Y etwa eine Prozedur HORNER(A, N, X) aktuell einzusetzen.

Soll dennoch die Funktion Y mit dem Horner-Schema gewonnen werden, so muß eine gesonderte Funktionsprozedur F vereinbart werden, deren Prozedurrumpf lediglich aus der Anweisung F : = HORNER(A, N, X) besteht.

5.2.4 Weitere Spezifikatoren in ALGOL 60

Der Spezifikator **label** wird benutzt, wenn ein formaler Parameter für eine Marke steht. Soll unter gewissen Voraussetzungen die Prozedur nicht auf dem normalen Weg verlassen werden, so kann diese formale Marke angesprungen werden, die beim Aufruf aktuell durch einen Zielausdruck ersetzt wird.

Als Beispiel wollen wir eine Prozedur für das Newtonsche Iterationsverfahren

$$x_{j+1} = x_j - \frac{f(x_j)}{f'(x_j)} \qquad (j = 1, 2, 3, \ldots)$$

schreiben, wobei als formale Parameter der Startwert X0, Funktionsprozeduren für f(x) (mit F bezeichnet) und f'(x) (mit FS bezeichnet), die Genauigkeit E und eine maximale Schrittzahl M verwandt werden. Ist die Genauigkeit nach M Schritten noch nicht erreicht, so wird die formale Marke SK angesprungen. Das Ergebnis werde dem Prozedurnamen zugewiesen:

Beispiel 5.7

```
real procedure NEWTON (X0, F, FS, E, M, SK);
     real X0, E; real procedure F, FS;
     integer M; label SK;
begin real X, Z; integer I;
       X : = X0;
       for I : = 1 step 1 until M do
       begin
       L:    Z : = F(X)/FS(X); X : = X - Z;
             if abs(Z/X) < E then goto R else goto L;
       end; goto SK;
R:     NEWTON : = X
end
```

Die Abfrage ist analog Beispiel 4.4 aufgebaut.

Entsprechend können mehrere verschiedene Ausgänge durch einen formalen Parameter erfaßt werden, der mit **switch** spezifiziert wird.

Der Spezifikator **string** kennzeichnet formale Parameter, die für eine Zeichenkette stehen. Da ALGOL 60 keine Möglichkeit kennt, mit solchen zu operieren, können diese formalen Parameter ihrerseits nur als aktuelle Parameter in weiteren Prozeduraufrufen (etwa Ausgabeanweisungen) benutzt werden.

5.2.5 Ergänzende Bemerkungen zum Gebrauch von ALGOL-Prozeduren

Wir wollen in diesem Abschnitt noch drei Gesichtspunkte behandeln, die in FORTRAN keine Entsprechung haben bzw. verboten sind:

a) Globale Namen

Nicht alle Größen, die in einem Prozedurrumpf verwandt werden, müssen dort vereinbart sein oder formale Parameter darstellen. Es ist vielmehr zulässig, die Namen mitzubenutzen, die in den übergeordneten Blöcken deklariert sind. Nehmen wir an, es sei in einem Programm an verschiedenen Stellen erforderlich, jeweils zwei Zeilen I und J einer Matrix miteinander zu vertauschen, wobei die Matrix stets die gleiche ist, während sich I und J ändern. Bei der im folgenden programmierten Fassung sind – bezogen auf das Unterprogramm – A global, I und J formal und C und K lokal:

Beispiel 5.8:

```
begin array A [1 : 10, 1 : 20]; integer K, L;
      procedure TAUSCH(I, J); integer I, J;
      begin integer K; real C;
            for K: = 1 step 1 until 20 do
            begin C: = A[I,K[; A[I,K]: = A[J,K];
                  A[J,K]: = C
            end
      end TAUSCH;
      .............
      TAUSCH(1,4);
      .............
```

```
    TAUSCH(K, L+1);
    ..................
end
```

b) Rekursive Prozeduren

In [3] ist zugelassen, daß sich Prozeduren in ihrem Prozedurrumpf selbst noch einmal aufrufen können. Man hat damit die Möglichkeit, die in der Mathematik häufig gebrauchten Rekursionsformeln einfach darzustellen. Eine Prozedur zur Berechnung von f(n) = n! könnte mit Hilfe der Beziehungen

$$f(0) = 1$$
$$f(n) = n\, f(n-1) \quad \text{für } n \geq 1$$

wie folgt aufgestellt werden:

Beispiel 5.9:

```
integer procedure F(N); integer N;
        F: = if N = 0 then 1 else N × F(N−1);
```

Bei vielen Implementierungen ist die Verwendung rekursiver Prozeduren nicht möglich.

c) Nebeneffekte

Die Übermittlung von Ergebnissen durch formale Parameter (Ausgangsparameter) kann bei Funktionsprozeduren zu Nebeneffekten führen, die zwar oft dem fortgeschrittenen Programmierer besondere Möglichkeiten eröffnen, aber meistens nicht beabsichtigt sind und Programme ohne definiertes Ergebnis liefern. Betrachten wir folgendes:

Beispiel 5.10:

```
begin real A, B, C;
      real procedure F(X, Y); real X, Y;
      begin Y: = 2 × Y; F: = X ↑ 2 + Y end;
      ..........
      A: = 2; B: = 3;
      C: = B × F(A, B);
      ..........
end
```

In der Prozedur ist X Eingangsparameter, während Y die Bedeutung eines Eingangs- und Ausgangsparameters zugleich hat. Wird diese Prozedur in einem Ausdruck aufgerufen, so entsteht der Nebeneffekt, daß der für Y eingesetzte aktuelle Parameter (hier: B) seinen Wert ändert. Wenn im angegebenen Beispiel zuerst B für die Multiplikation bereitgestellt wird, so ergibt sich C = 3 × 10; wird dagegen zuerst F(A, B) ausgewertet, so ergibt dies C = 6 × 10. In ALGOL 60 ist eine Auswertungsreihenfolge zwar für die Operatoren, aber nicht für die Operanden festgelegt, so daß das Ergebnis des obigen Beispiels nicht definiert ist.

Bei der obigen Prozedur ist es nicht gleichgültig, ob sie mit

C: = 2 × F(A, B)

oder mit

C: = F(A, B) + F(A, B)

aufgerufen wird. Im ersten Fall ergibt sich C = 20, im zweiten Fall C = 26.

5.3 Formulierung in FORTRAN

5.3.1 Vereinbarung externer Prozeduren

Zur Kennzeichnung einer externen Prozedurvereinbarung werden in FORTRAN verwandt:

> SUBROUTINE für Verfahrensprozeduren,
> ‹Typ› FUNCTION für Funktionsprozeduren,
> wobei durch INTEGER, REAL, DOUBLE PRECISION, COMPLEX oder LOGICAL[8] der Typ des Ergebnisses anzugeben ist, das dem Funktionsnamen zugewiesen wird. Fehlt die Typenangabe, so gilt die implizite Typenvereinbarung.

Als Namen der Prozedur und der formalen Parameter sind alle Namen zulässig, denen keine feste Bedeutung vorbehalten ist (siehe 3.1.1 und 3.1.6). Die externen Prozedurvereinbarungen bilden eigene Programmeinheiten (siehe 5.3.3).

FORTRAN kennt keine besonderen Spezifikationen:

> Die *Spezifikation* der formalen Parameter erfolgt zusammen mit den Vereinbarungen für den Prozedurrumpf. Darüberhinaus darf die Spezifikation eines Feldnamens variable obere Indexgrenzen besitzen, falls diese Variablen ihrerseits formale Parameter sind.

Die Typenspezifikation erfolgt demnach durch die Typenvereinbarungszeichen oder implizite Vereinba-

[8] s. 6.1.2

rung und die Feldspezifikation durch DIMENSION. Die Spezifikation formaler Parameter, die für einen Unterprogrammnamen stehen, erfolgt durch eine EXTERNAL-Vereinbarung oder implizit durch die Art ihrer Verwendung (siehe 5.3.3).

Im Gegensatz zu ALGOL, wo stets das Ende des notierten Unterprogramms mit dem Ende des Unterprogrammlaufes übereinstimmt, kann in FORTRAN an jeder beliebigen Stelle des notierten Unterprogramms zurückgesprungen werden:

> Die Anweisung
>
> RETURN
>
> beendet den Unterprogrammlauf und bewirkt den Rücksprung in das übergeordnete Programm.

5.3.2 Übertragung der Beispiele

Wir wollen nunmehr die Prozedurvereinbarungen zu den Beispielen aus 5.1.1 und 5.1.2 in FORTRAN notieren. Die Vereinbarungen der beiden Unterprogramme aus dem Einkommensteuerbeispiel lauten:

Beispiel 5.11

```
      REAL FUNCTION LIN(Z, P, B)
      LIN = P * Z - B
      RETURN
      END
      FUNCTION PRO(Z, A)
      DIMENSION A(4)
      S = - A(1)
      DO 1 I = 2,4
1     S = S * Z + A(I)
      PRO = S
      RETURN
      END
```

Die Hilfsvariable S kann in der FORTRAN-Fassung durch PRO ersetzt werden:

```
      PRO = PRO * Z + A(I).
```

Damit ist kein erneuter Aufruf der Prozedur verbunden.

Beispiel 5.12

```
      SUBROUTINE SIMPSO(Y, X0, XN, N, INT)
      REAL INT
      H = (XN-X0)/FLOAT(N)
      INT = Y(X0) + 4.0 * Y(X0+H)
      N2 = N - 2
      DO 1 I = 2, N2, 2
      XI = X0 + FLOAT(I) * H
1     INT = INT + 2.0 * Y(XI) + 4.0 * Y(XI+H)
      INT = H * (INT + Y(XN))/3.0
      RETURN
      END
```

Wird X0 anschließend im aufrufenden Programm nicht mehr benötigt, so kann statt XI auch X0 benutzt werden:

```
      X0 = X0 + 2.0 * H.
```

Eine Prozedur, in der ein Feld mit variabler Größe als formaler Parameter auftritt, ist SORT:

Beispiel 5.13

```
      SUBROUTINE SORT(N, A)
      DIMENSION A(N)
      DO 2 K = 2,N
      IF (A(K-1) - A(K)) 2,2,3
3     I = K
4     C = A(I-1)
      A(I-1) = A(I)
      A(I) = C
      I = I -1
      IF (I-1) 2,2,5
5     IF (A(I-1) - A(I)) 2,2,4
2     CONTINUE
      RETURN
      END
```

In dieser Fassung ist die erste 2 in der Anweisung 5 überflüssig, weil der Fall $I-1 < 0$ überhaupt nicht auftreten kann, darf aber nicht weggelassen werden.

5.3.3 Prozeduraufruf

Am einfachsten ist der Aufruf der Funktionsprozedur:

> Eine *Funktionsprozedur* wird in der Form
> ‹Prozedurname› (‹Liste aktueller Parameter›)
> innerhalb von Ausdrücken aufgerufen.

Die Form der aktuellen Parameter ergibt sich aus 5.1.3 mit der Einschränkung, daß der Wert eines Parameters in der Prozedur nur verändert werden darf, wenn er sonst nirgends im Ausdruck auftritt.

Die Vereinbarung einer externen Prozedur erfolgt nicht innerhalb des Programms (daher der Name):

> Die Vereinbarung einer externen Prozedur erfolgt außerhalb des Hauptprogramms und bildet wie dieses eine eigene Programmeinheit.

Als Beispiel wollen wir das Programm zu Abb. 11a notieren, wobei als Eingabegerät 18 und als Ausgabegerät 19 angenommen werde:

Beispiel 5.14

```
C     STEUERBEISPIEL
      DIMENSION A(4), B(4), C(4)
      INTEGER X, S
      REAL LIN
      A(1) = 0.086
      A(2) = 7.764
      A(3) = 190.0
      A(4) = 1201.0
      B(1) = 0.012
      B(2) = 1.82
      B(3) = 407.0
      B(4) = 8223.0
      C(1) = 0.006
      C(2) = 1.572
      C(3) = 382.0
      C(4) = 6358.0
    1 READ (18,2) X
    2 FORMAT (I10)
      IF (X−1680) 3,4,4
```

```
 3  S = 0
    GOTO 5
 4  IF (X—48000) 6,6,7
 6  Y = FLOAT(30 * (X/30))
    GOTO 8
 7  Y = FLOAT(60 * (X/60))
 8  IF (X—8010) 9,10,10
 9  ST = LIN(Y, 0.19, 0.19 * 1680.0)
    GOTO 11
10  IF (X—30000) 12,13,13
12  ST = PRO(Y/1000.0—8.0, A)
    GOTO 11
13  IF (X—78000) 14,15,15
14  ST = PRO(Y/1000.0—30.0, B)
    GOTO 11
15  IF (X—110040) 16, 17, 17
16  ST = PRO(Y/1000.0—24.0, C)
    GOTO 11
17  ST = LIN(Y, 0.53, 11281.0)
11  S = ST
 5  WRITE (19,2) S
    GOTO 1
    END
    REAL FUNCTION LIN(Z, P, B)
    LIN = P * Z — B
    RETURN
    END
    FUNCTION PRO(Z, A)
    DIMENSION A(4)
    S = — A(1)
    DO 1 I = 2,4
 1  S = S * Z + A(I)
    PRO = S
    RETURN
    END
```

Die Anweisungsprozeduren werden mit einer Prozeduranweisung aufgerufen:

Die *Prozeduranweisung* hat die Form
CALL ‹Prozedurname› (‹Liste aktueller Parameter›), wobei bei parameterlosen Prozeduren auch die Klammern entfallen.

Als Beispiel für den Aufruf der Prozedur SIMPSO wollen wir ein Programm zur Bestimmung des Wahrscheinlichkeitsintegrals

$$W(y) = \frac{1}{\sqrt{2\pi}} \int_0^y e^{-\frac{x^2}{2}} dx$$

aufstellen. Die Werte von W sollen für 0.1, 0.2, ... bis zu dem eingelesenen Y tabelliert werden:

Beispiel 5.15

```
C   WAHRSCHEINLICHKEITSINTEGRAL
    EXTERNAL FUNKT
    READ (18,1) Y
1   FORMAT (2F6.3)
    W = 0.0
    Z0 = 0.0
    C = 1/SQRT(6.28318531)
2   Z1 = Z0 + 0.1
    CALL SIMPSO(FUNKT, Z0, Z1, 10, T)
    W = W + T * C
    WRITE (19,1) Z1, W
    Z0 = Z1
    IF (Z0 - Y) 2, 3, 3
3   CONTINUE
    END
    SUBROUTINE SIMPSO(Y, X0, XN, N, INT)
    REAL INT
    H = (XN-X0)/FLOAT(N)
    INT = Y(X0) + 4.0 * Y(X0+H)
    N2 = N - 2
    DO 1 I = 2, N2, 2
    XI = X0 + FLOAT(I) * H
1   INT = INT + 2.0 * Y(XI) + 4.0 * Y(XI+H)
    INT = H * (INT + Y(XN))/3.0
```

```
      RETURN
      END
      FUNCTION FUNKT(X)
      FUNKT = EXP(-X ** 2/2)
      RETURN
      END
```

SIMPSO ist im Hauptprogramm durch sein Auftreten in der Prozeduranweisung CALL als externe Prozedur erkennbar, ebenso Y in dem Unterprogramm SIMPSO, weil es in der Form Y(X0) auftritt, ohne als Feld vereinbart zu sein. Dagegen kann der aktuelle Parameter FUNKT im Hauptprogramm nicht als Name einer Prozedur erkannt werden:

> Tritt der Name einer externen Prozedur als aktueller Parameter auf, so ist er in der Form
> EXTERNAL ‹Liste externer Prozedurnamen›
> zu vereinbaren.

5.3.4 Interne Funktionen

Zur Vereinbarung von Funktionen, die nur eine Zeile umfassen, bietet FORTRAN die internen Funktionen:

> In jedem Haupt- oder Unterprogramm können nach den Vereinbarungen und vor der ersten ausführbaren Anweisung interne Funktionen vereinbart werden:
> ‹Funktionsname› (‹Liste formaler Parameter›)
> = ‹Ausdruck›

Die Spezifikation der formalen Parameter, die nur für einfache Variable stehen können, und die Typenvereinbarung für den Funktionsnamen erfolgen implizit oder zusammen mit den Vereinbarungen der Programmeinheit.

Wir wollen die Prozedur SIMPSO so abändern, daß der Integrand als implizite Funktion vereinbart wird:

Beispiel 5.16

```
      SUBROUTINE SIMPFK(X0, XN, N, INT)
      REAL INT
```

```
      FUNKT (X) = EXP(-X ** 2/2)
      H = (XN-X0)/FLOAT(N)
      INT = FUNKT(X0) + 4.0 * FUNKT(X0+H)
      N2 = N - 2
      DO 1 I = 2, N2, 2
      XI = X0 + FLOAT(I) * H
1     INT = INT + 2.0 * FUNKT(XI) + 4.0 *
         FUNKT(XI+H)
      INT = H * (INT + FUNKT(XN))/3.0
      RETURN
      END
```

Diese Fassung hat den Nachteil, daß für jede zu integrierende Funktion eine Zeile des Unterprogramms geändert werden muß.

5.4 Parameteraufruf

5.4.1 Möglichkeiten

Wie wir erwähnt haben, werden beim Prozeduraufruf die formalen Parameter durch die aktuellen ersetzt. Dieser Ersetzungsvorgang kann auf drei verschiedenen Ebenen durchgeführt werden:

a) Namensaufruf

Der formale Parameter wird an allen Stellen wörtlich durch den aktuellen ersetzt. Handelt es sich zum Beispiel bei diesem um einen arithmetischen Ausdruck, so werden die in ihm enthaltenen Rechenoperationen an allen Stellen neu ausgeführt, wo der formale Parameter benutzt wird. Es sei etwa auf Abb. 11 verwiesen, wo der aktuelle Parameter Y/1000−8 auf diese Weise im Unterprogramm PRO dreimal ausgewertet wird (formal: Z), denn die Anweisung innerhalb der Laufschleife würde durch die Ersetzung die Form

$$S := S \times (Y/1000-8) + A_I$$

bekommen.

Andererseits bietet der Namensaufruf die Möglichkeit, Änderungen in den Operanden eines Ausdruckes unmittelbar zu berücksichtigen. Betrachten wir beispielsweise eine Prozedur mit drei formalen Parametern a, b, c und dem Prozedurrumpf

$$a := b + c$$
$$b := 2 \times c$$

Wird diese Prozedur mit den aktuellen Parametern m, n und m/n aufgerufen, so wirkt auf Grund der wörtlichen Ersetzung der Rumpf wie die Anweisungsfolge

$$m := n + m/n$$
$$n := 2 \times (m/n).$$

Hat vor Aufruf der Prozedur m den Wert 6 und n den Wert 2, so erhält man die Ergebnisse $m = 5$ und $n = 5$, weil in der zweiten Anweisung des Rumpfes bereits der *neue* Wert von m benutzt wird.

b) Wertaufruf

Der aktuelle Parameter wird zu Anfang des Prozedurlaufs ausgewertet, und der sich ergebende Wert (Zahlenwert oder boolescher Wert) ersetzt den formalen Parameter. Dies bedeutet, daß die Rechenoperationen, die in einem aktuellen Parameter eventuell enthalten sind, nur einmal ausgeführt werden und daß spätere Änderungen der Operanden nicht mehr während dieses Prozedurlaufes berücksichtigt werden. Wird etwa in dem oben angegebenen Prozedurrumpf c über seinen Wert aufgerufen, so bedeutet der gleiche Prozeduraufruf:

$$c := m/n$$
$$m := n + c$$
$$n := 2 \times c,$$

und für die gleichen Zahlenwerte ergibt sich jetzt $m = 5$ und $n = 6$.

Im Beispiel von Abb. 11 würde der Wertaufruf von Z keine Änderung der Ergebnisse, wohl aber eine Beschleunigung des Programms nach sich ziehen.

c) Adreßaufruf

Der formale Parameter wird durch die Speicheradresse des aktuellen Parameters ersetzt. Die Wirkung hängt dann von der Form der aktuellen Parameter ab:

aktueller Parameter	Wirkung
einfache Variable	wie Namensaufruf
indizierte Variable	Die Indizes werden ausgewertet und festgehalten, Änderungen dieser Komponente jedoch berücksichtigt
sonstige Ausdrücke	wie Wertaufruf

5.4.2 Parameteraufruf in ALGOL

ALGOL 60 kennt nur den Namens- und Wertaufruf. Die Aufrufart wird im Prozedurkopf für jeden einzelnen formalen Parameter vermerkt:

> Soll ein formaler Parameter über den Wert aufgerufen werden, so ist er im *Werteteil*
> **value** ‹Liste formaler Parameter›
> aufzuführen. Der Werteteil steht vor den Spezifikationen. Alle anderen Parameter werden über den Namen aufgerufen.

Der Prozedurkopf für die Prozedur PRO aus Beispiel 5.1 könnte also lauten:

real procedure PRO(Z, A); **value** Z; **array** A

und zu Beispiel 5.3

procedure SIMPNW(Y, H, N, INT); **value** H, N, Y;
    real H, INT; **integer** N; **array** Y;[9]

Hierzu ist zu bemerken, daß INT nicht in die Werteliste aufgenommen werden darf, weil es ein Parameter ist, dem ein Ergebnis zugewiesen werden soll.

[9] Daß ein Feld im Werteteil aufgeführt wird, ist nicht in allen Implementierungen erlaubt.

5.4.3 Parameteraufruf in FORTRAN

FORTRAN kennt keine Wahlmöglichkeit, sondern legt den Parameteraufruf grundsätzlich fest:

> Die formalen Parameter werden über die Adresse aufgerufen.

Damit entfallen auch besondere Angaben im Programm.

6. Die Ergänzungen der FORTRAN-Sprache

6.1 Die Verwendung boolescher Ausdrücke

6.1.1 Relationen

Die Relationen sind wie in ALGOL 60 aufgebaut: sie bestehen aus zwei arithmetischen Ausdrücken, die durch einen Vergleichsoperator miteinander in Beziehung gesetzt werden. Wenn einer der beiden arithmetischen Ausdrücke ganzzahlig ist, so muß es auch der andere sein. Ansonsten sind reelle und doppelt genaue Ausdrücke zugelassen. Die Vergleichsoperatoren werden jedoch anders als in ALGOL 60 bezeichnet:

.LT. kleiner als (less than)
.LE. nicht größer als (less than or equal to)
.EQ. gleich (equal to)
.NE. ungleich (not equal to)
.GT. größer als (greater than)
.GE. nicht kleiner als (greater than or equal to)

Durch die Einschließung in Punkte werden diese Namen von Variablen unterschieden. Die Relation hat den Wert .TRUE., wenn die Beziehung erfüllt ist, sonst den Wert .FALSE..

6.1.2 Boolesche Ausdrücke und Anweisungen

Ein boolescher Ausdruck wird aus Relationen, den booleschen Konstanten .TRUE. und .FALSE., einfachen und indizierten Variablen, Funktionsbezeichnungen und den booleschen Operatoren

.OR. oder
.AND. und
.NOT. nicht

gebildet. Die hierbei auftretenden Namen von Variablen und Funktionen müssen als boolesche Größen vereinbart werden. Diese Typenvereinbarung wird durch das Wortsymbol LOGICAL eingeleitet, dem die Namen der zu vereinbarenden Größen folgen:

LOGICAL A, X, T
DIMENSION T(10)

Diese Vereinbarung wird analog zu den anderen Typenvereinbarungen verwandt.

Die booleschen Operatoren haben die gleiche Bedeutung wie in ALGOL 60 (s. 4.2.1). Die dort definierten weiteren Operatoren sind in FORTRAN nicht zugelassen. Der Vorrang bei der Auswertung der Ausdrücke ist ebenfalls der gleiche:

1. arithmetische Operatoren
2. Relationsoperatoren
3. .NOT.
4. .AND.
5. .OR.

Dieser Vorrang kann durch Verwendung von runden Klammern verändert werden. Ein Beispiel für einen booleschen Ausdruck ist

AD − 3.1 * C .LE. C + Y .AND. .NOT.
(V .OR. T) .OR. X(J, L).

Eine boolesche Variable kann in einer Zuordnungsanweisung einen neuen Wert erhalten:

‹boolesche Variable› = ‹boolescher Ausdruck›.

6.1.3 Die boolesche IF-Anweisung

Die boolesche IF-Anweisung weicht von der arithmetischen darin ab, daß sie keine Marken angibt, aus denen die Fortsetzung ausgewählt wird, sondern eine Anweisung. Diese wird ausgeführt, wenn die Bedingung den Wert .TRUE. hat, und übersprungen, wenn die Bedingung den Wert .FALSE. hat:

IF (‹boolescher Ausdruck›) ‹Anweisung›.

Dabei darf jedoch weder eine DO- noch eine zweite boolesche IF-Anweisung verwandt werden. Beispiele sind:

```
IF (X .GT. Y) GOTO 12
IF (N .GT. 0) N = N - 1
IF (N .GT. 0 .OR. M .LT. 0) CALL DF(M)
IF (Y .GT. - 1.0 .AND. Y .LT. 1.0)
   Z = SQRT(1.0 - Y * Y).
```

Falsch wäre die Anweisung

```
IF (Y .GT. - 1 .AND. Y .LT. 1)
   Z = SQRT(1.0 - Y * Y),
```
[1]

weil entweder die Ausdrücke in den Vergleichen nicht vom gleichen Typ sind oder ganz rechts ein gemischter Ausdruck steht. Das erste der Beispiele ist gleichbedeutend mit der Folge

```
   IF (X - Y) 13, 13, 12
13 ...
```

Mit der booleschen IF-Anweisung läßt sich der mittlere Teil des Einkommensteuerbeispiels (Beispiel 5.14) kompakter schreiben. Wir zitieren hier nur diesen Teil; der Anfang (bis Anweisung 7) und die Prozeduren bleiben unverändert:

Beispiel 6.1

```
   ...........
8  IF (X .LT. 8010) ST = LIN(Y, 0.19, 0.19 * 1680.0)
   IF (X .LT. 30000) ST = PRO(Y/1000.0-8.0, A)
```

[1] Die beiden letzten Beispiele müssen beim Programmieren jeweils in einer Zeile geschrieben werden.

```
      IF (X .LT. 78000) ST = PRO(Y/1000.0-30.0, B)
      IF (X .LT. 110040) ST = PRO(Y/1000.0-24.0, C)
      IF (X .GE. 110040) ST = LIN(Y, 0.53, 11281.0)
      S = ST
5     WRITE (19,2) S
      GOTO 1
      END
      ...........
```

Die letzte Abfrage ist hier im Gegensatz zu der ALGOL-Version (siehe Beispiel 5.5) erforderlich, weil die boolesche IF-Anweisung kein **else** kennt, das das Überspringen der weiteren Anweisungen bewirkt.

6.2 Besondere Sprunganweisungen

Neben der unbedingten GOTO-Anweisung und den Sprüngen, die durch das arithmetische IF möglich sind, gibt es noch zwei weitere GOTO-Anweisungen.

Das *berechnete GOTO* entspricht dabei dem Begriff „switch“ in ALGOL 60. Es hat die Form:

GOTO (‹Markenliste›), ‹ganzzahlige Variable›.

Also z. B.

GOTO (11, 12, 20, 2, 5, 9, 7, 20), K.

Wird diese Anweisung erreicht, so muß K einen bestimmten ganzzahligen Wert haben. Das Programm wird dann bei der K-ten Marke dieser Liste fortgesetzt. Hat in obigem Beispiel K den Wert 3, so wird als nächstes die Anweisung ausgeführt, die die Marke 20 trägt. Eine solche Anweisung kann z. B. benutzt werden, wenn verschiedene Programmteile ein gemeinsames Stück durchlaufen. Werden der Variablen vor Beginn des gemeinsamen Stückes verschiedene Werte zugeordnet, so kann am Schluß in verschiedener Weise fortgesetzt werden (Abb. 14). Es ist klar, daß die Variable keinen Wert haben darf, der größer ist als die Anzahl der Marken in der Liste.

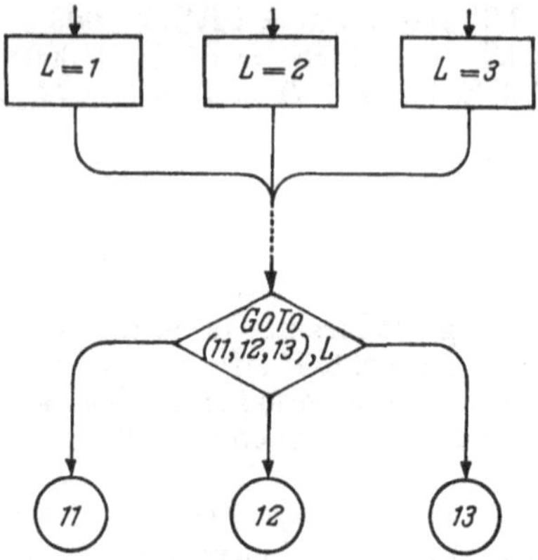

Abb. 14

Der gleiche Effekt läßt sich auch mit dem *zugeordneten GOTO* erreichen:

GOTO ‹ganzzahlige Variable›, (‹Markenliste›).

In diesem Fall hat die Variable aber keinen ganzzahligen Wert, sondern ihr ist in einer früher durchlaufenen Zuordnungsanweisung eine Marke zugeordnet worden. Dies geschieht mit der Anweisung:

ASSIGN ‹Marke› TO ‹ganzzahlige Variable›,

z. B.

ASSIGN 17 TO L.

Dann kann ein Sprung erfolgen mit der Anweisung

GOTO L, (15, 16, 17, 12, 14).

Wird zwischen diesen beiden Anweisungen keine weitere ASSIGN-Anweisung durchlaufen, so bedeutet die Sprunganweisung, daß das Programm bei der Marke 17 fortgesetzt wird. Der Variablen darf nur eine Marke zugeordnet sein, die in der Liste auftritt.

6.3 Datenanweisungen

Bei Beginn eines Programms oder bei Eintritt in ein Unterprogramm ist den dort vereinbarten Variablen kein bestimmter Wert zugewiesen. Dies muß erst durch eine Zuordnungsanweisung geschehen. Soll aber einer Variablen bereits zu Beginn ein Wert zugewiesen sein, so muß sie in einer Datenanweisung auftreten. Diese hat die Form:

DATA ‹Variablenliste›/‹Datenliste›/, ...
‹Variablenliste›/‹Datenliste›/.

In den Variablenlisten auftretende indizierte Variable dürfen nur konstante Indizes haben. Jede Datenliste ist eine Liste von Konstanten (mit oder ohne Vorzeichen), die ebenfalls durch Kommata voneinander getrennt sind. Ihre Anzahl muß mit der Anzahl der Variablen in der Variablenliste übereinstimmen. Sind mehrere aufeinanderfolgende Konstante gleich, so darf eine abgekürzte Schreibweise benutzt werden: j * c, wobei c die Konstante ist und die ganze Zahl j angibt, wie oft c eigentlich aufgeführt sein müßte.

DATA A, B, C, C1/1.0, 3 * 0/, X(1), X(2),[2]
X(3)/3 * − 1.57/.

Eine Größe, die in einem nichtmarkierten COMMON-Bereich (s. 6.4.2) liegt, darf in einer Datenanweisung überhaupt nicht, eine Größe, die in einem markierten COMMON-Bereich liegt, nur in einem Datenunterprogramm auftreten.

Ein Datenunterprogramm wird von der Anweisung

BLOCK DATA

eingeleitet und besteht nur aus Vereinbarungen (für Typen und Felder), Datenanweisungen und Speicherverteilungsanweisungen. Es hat die gleiche Funktion wie eine Datenanweisung. Tritt in ihm eine Größe aus einem COMMON-Bereich auf, so müssen alle Größen dieses COMMON-Bereiches vereinbart sein, auch wenn sie in den Datenanweisungen nicht gebraucht werden.

---

[2] Die Anweisung ist beim Programmieren in eine Zeile zu schreiben.

Die Datenanweisung läßt sich im Beispiel 5.14 gut verwenden:

Beispiel 6.2

```
C     STEUERBEISPIEL
      DIMENSION A(4), B(4), C(4)
      INTEGER X, S
      REAL LIN
      DATA A/0.086, 7.764, 190.0, 1201.0/
      DATA B/0.012, 1.82, 407.0, 8223.0/
      DATA C/0.006, 1.572, 382.0, 6358.0/
1     READ (18,2) X
2     FORMAT (I10)
      IF (X—1680) 3, 4, 4
3     S = 0
      GOTO 5
4     IF (X—48000) 6, 6, 7
6     Y = FLOAT(30 * (X/30))
      GOTO 8
7     Y = FLOAT(60 * (X/60))
8     IF (X .LT. 8010) ST = LIN (Y, 0.19, 0.19 *
        1680.0)
      IF (X .LT. 30000) ST = PRO(Y/1000.0—8.0, A)
      IF (X .LT. 78000) ST = PRO(Y/1000.0—30.0, B)
      IF (X .LT. 110040) ST = PRO(Y/1000.0—24.0, C)
      IF (X .GE. 110040) ST = LIN(Y, 0.53, 11281.0)
      S = ST
5     WRITE (19,2) S
      GOTO 1
      END
      REAL FUNCTION LIN(Z, P, B)
      LIN = P * Z — B
      RETURN
      END
      FUNCTION PRO(Z, A)
      DIMENSION A(4)
      S = — A(1)
      DO 1 I = 2, 4
```

```
1     S = S * Z + A(I)
      PRO = S
      END
```

6.4 Speicherverteilungsanweisungen

Im Gegensatz zu ALGOL 60 hat der Programmierer in FORTRAN die Möglichkeit, auf die Anordnung der Größen im Speicher einen gewissen Einfluß zu nehmen. Dazu dienen die Speicherverteilungsanweisungen.

6.4.1 Die Äquivalenzanweisung

Eine Äquivalenzanweisung legt innerhalb eines Programms oder Unterprogramms fest, daß bestimmte Variable den gleichen Speicherplatz benutzen sollen. Sie hat die Form:

EQUIVALENCE (‹Variablenliste›), (‹Variablenliste›), . . ., (‹Variablenliste›).

Beispielsweise bedeutet:

EQUIVALENCE (A, B, C), (X(3, 6), Y),

daß die Variablen A, B und C den gleichen Speicherplatz benutzen und daß Y den gleichen Speicherplatz benutzt wie X(3, 6). Dies hat im Programm zur Folge, daß nach

A = 3

X(3, 6) = C

auch Y den Wert 3 hat. Sind zwei oder mehr indizierte Variable in einer Äquivalenzliste enthalten, so bedeutet dies nicht nur, daß diese Größen den gleichen Speicherplatz benutzen, sondern daß sich die Felder im Speicher überlappen. Bei

EQUIVALENCE (Y(4), X(7), Z(12))

wird folgende Anordnung im Speicher erreicht, wenn Y 5, X 9 und Z 12 Elemente hat:

Platz 1:	Z(1)
Platz 2:	Z(2)

Platz 3:			Z(3)
Platz 4:			Z(4)
Platz 5:			Z(5)
Platz 6:		X(1)	Z(6)
Platz 7:		X(2)	Z(7)
Platz 8:		X(3)	Z(8)
Platz 9:	Y(1)	X(4)	Z(9)
Platz 10:	Y(2)	X(5)	Z(10)
Platz 11:	Y(3)	X(6)	Z(11)
Platz 12:	Y(4)	X(7)	Z(12)
Platz 13:	Y(5)	X(8)	
Platz 14:		X(9)	

Genau die gleiche Anordnung wäre erreicht worden mit:

EQUIVALENCE (Y(1), X(4), Z(9)).

Hat ein Feld mehrere Dimensionen, so wird die gleiche Reihenfolge der einzelnen Feldelemente benutzt wie in 3.4.2. Also

DIMENSION A(3, 2), B(6)

EQUIVALENCE (A(1, 2), B(4), T)

Platz 1:	A(1, 1)	B(1)	
Platz 2:	A(2, 1)	B(2)	
Platz 3:	A(3, 1)	B(3)	
Platz 4:	A(1, 2)	B(4)	T
Platz 5:	A(2, 2)	B(5)	
Platz 6:	A(3, 2)	B(6)	

Sehr nützlich ist diese Anweisung, wenn man in einer Matrix eine Spalte häufig benötigt. Dann gibt man dieser Spalte einen anderen Namen und legt die Äquivalenz fest. Die Verarbeitung ist dann schneller, weil die Auswertung mehrerer Indizes länger dauert.

6.4.2 Die COMMON-Anweisung

Während es mit Hilfe der Äquivalenz-Anweisung möglich ist, verschiedenen Variablen innerhalb eines Programms oder Unterprogramms den gleichen Speicherplatz zuzuweisen, erreicht man mit der COMMON-

Anweisung das gleiche für Variable, die in verschiedenen Programmen oder Unterprogrammen vereinbart sind. Diese Variablen werden zu COMMON-Blöcken zusammengefaßt. Mit Hilfe einer oder mehrerer COMMON-Anweisungen wird ein gewisser Speicherbereich mit einem Namen versehen (der ansonsten keine Bedeutung hat und auch als Variable auftreten darf) und mit gewissen Variablen belegt:

```
DIMENSION X(10), Y(10, 10), Z(10)
COMMON/ADAM/A, B, C, X/EVA/Y, Z
COMMON/ADAM/S, EVA
```

Diese Anweisungen bedeuten, daß zwei Speicherbereiche gebildet werden:

a) der COMMON-Bereich ADAM: er umfaßt 15 Größen in der Reihenfolge:

   A, B, C, X(1), X(2), ..., X(10), S, EVA.

b) der COMMON-Bereich EVA: er umfaßt 110 Größen in der Reihenfolge:

   Y(1, 1), Y(2, 1), ..., Y(10, 10), Z(1), ..., Z(10).

In einem anderen Programm oder Unterprogramm kann nun der COMMON-Bereich ADAM wieder angesprochen werden:

```
DIMENSION Z(13)
COMMON/ADAM/Z, S, X.
```

Dadurch sind die Werte einiger Variablen des einen Programms (unter ggf. anderem Namen!) auch im anderen Programm erreichbar. Hier entsprechen sich:

im 1. Programm	im 2. Programm
A	Z(1)
B	Z(2)
C	Z(3)
X(1)	Z(4)
X(2)	Z(5)

...	...
X(10)	Z(13)
S	S
EVA	X

Ebenso kann im zweiten (oder in einem dritten) Programm der COMMON-Bereich EVA angesprochen werden:

```
DIMENSION Y(10, 11)
COMMON/EVA/Y.
```

Dann entspricht

im 1. Programm	im 2. Programm
Y(I, 1)	Y(I, 1)
...	...
Y(I, 10)	Y(I, 10)
Z(I)	Y(I, 11)

Wir unterscheiden zwei Arten von COMMON-Bereichen: die markierten und die nichtmarkierten. Die markierten haben einen Namen (z. B. ADAM, EVA). Ein markierter COMMON-Bereich muß in allen Programmen, in denen er auftritt, die gleiche Länge haben. Bei der Berechnung der Länge zählen boolesche, ganzzahlige und reelle Größen als eine Einheit, komplexe und doppelt genaue als zwei Einheiten. (Komplexe Größen dürfen in einem anderen Programm als zwei reelle Größen verwandt werden, mit doppelt genauen ist dies nicht möglich.)

In jedem Programm darf nur ein nichtmarkierter COMMON-Bereich benutzt werden. Seine Länge kann in den verschiedenen Programmen verschieden sein. Es muß jedoch dann sehr genau darauf geachtet werden, daß nur definierte Größen verwendet werden.

Zum Schluß fassen wir zusammen: Eine COMMON-Anweisung hat die Form

COMMON/‹COMMON-Name›/‹Namensliste›/....

Bei einem nichtmarkierten COMMON-Bereich fehlt der Name, d. h. zwei Schrägstriche folgen unmittelbar aufeinander. (Fehlt der 1. Name, so können beide Schrägstriche wegbleiben.) Enthält die Liste Feldnamen, so können diese gleichzeitig die Indexgrenzen enthalten. Die Dimensionsanweisung fällt dann weg. Im letzten Beispiel kann man also beide Anweisungen zusammenfassen zu:

COMMON/EVA/Y(10, 11).

7. Beispiele

7.1 Summation und Skalarprodukt von Vektoren

Zu zwei vorgegebenen Vektoren $\mathfrak{a}$ und $\mathfrak{b}$ sollen der Summenvektor $\mathfrak{s} = \mathfrak{a} + \mathfrak{b}$, der Differenzvektor $\mathfrak{d} = \mathfrak{a} - \mathfrak{b}$ und der Vektor, der sich durch die Projektion von $\mathfrak{b}$ auf $\mathfrak{a}$ ergibt, nämlich

$$\mathfrak{p} = \mathfrak{a}\frac{\mathfrak{a}\mathfrak{b}}{\mathfrak{a}^2}$$

berechnet werden. Für Skalarprodukt und Addition wird je eine Prozedur geschrieben, wobei die Prozedur für die Addition zusätzlich auch die Subtraktion ausführt. Wird die Addition verlangt, so ist SGNB gleich + 1, sonst gleich − 1 zu setzen.

Beispiel 7.1

```
begin integer n;
      read(n);
      begin integer i; real N; array a, b, s, d[1 : n];
            real procedure Skalarprodukt (A, B)
            Dimension: (N);
            integer N; array A, B;
            begin integer i; real p;
                  p := 0;
                  for i := 1 step 1 until N do p := p +
                      A[i] × B[i];
```

```
                Skalarprodukt := p
            end Skalarprodukt;
            procedure Vektoraddition(A, SGNB, B)
                        Ergebnis: (C) Dimension: (N);
            integer SGNB, N; array A, B, C;
            begin integer i;
                for i := 1 step 1 until N do
                    C[i] := A[i] + SGNB × B[i]
            end Vektoraddition;
            for i := 1 step 1 until n do read(a[i], b[i]);
            Vektoraddition(a, 1, b, s, n);
            Vektoraddition(a, −1, b, d, n);
            N := Skalarprodukt(a, b, n)/
            Skalarprodukt(a, a, n);
            for i := 1 step 1 until n do
               print(s[i], d[i], a[i] × N)
    end
end
```

Für das FORTRAN-Programm müssen wir eine bestimmte obere Grenze für n festlegen. Wir wählen 50. Außerdem müssen wir die Namen auf sechs Buchstaben beschränken. Da wir keine gemischten Ausdrücke benutzen dürfen, müssen wir SGNB als reelle Größe vereinbaren. Ferner gibt es keinen Unterschied zwischen n und N, so daß wir für N einen neuen Namen E einführen:

Beispiel 7.2

```
      DIMENSION A(50), B(50), S(50), D(50)
      READ(50, 1) N
1     FORMAT (I4)
      DO 2 I = 1, N
2     READ (50, 3) A(I), B(I)
```

```
3     FORMAT (3F8.4)
      CALL VEKADD(A, 1.0, B, S, N)
      CALL VEKADD(A, -1.0, B, D, N)
      E = SKAPRO(A, B, N)/SKAPRO(A, A, N)
      DO 4 I = 1, N
4     A(I) = A(I)/E
      DO 5 I = 1, N
5     WRITE (51, 3) S(I), D(I), A(I)
      END
      REAL FUNCTION SKAPRO(A, B, N)
      DIMENSION A(50), B(50)
      P = 0
      DO 6 I = 1, N
6     P = P + A(I) * B(I)
      SKAPRO = P
      END
      SUBROUTINE VEKADD(A, SGNB, B, C, N)
      DIMENSION A(50), B(50), C(50)
      DO 7 I = 1, N
7     C(I) = A(I) + SGNB * B(I)
      END
```

7.2 Matrizenprodukt

Gegeben sind die beiden Matrizen $\mathfrak{A}$ (mit q Zeilen und r Spalten) und $\mathfrak{B}$ (r Zeilen und s Spalten). Es soll die Matrix $\mathfrak{C} = \mathfrak{A}\,\mathfrak{B}$ berechnet werden. Bezeichnen wir mit den entsprechenden kleinen Buchstaben die Komponenten der Matrizen, so erhalten wir die Komponenten von $\mathfrak{C}$ als

$$c_{ik} = \sum_{j=1}^{r} a_{ij}\, b_{jk} \qquad \begin{array}{l} i = 1, 2, \ldots, q \\ k = 1, 2, \ldots, s \end{array}$$

Die Eingabe der Matrizen $\mathfrak{A}$ und $\mathfrak{B}$ erfolgt zeilenweise. Die Elemente von $\mathfrak{C}$ werden ebenfalls zeilenweise berechnet und ausgedruckt.

Beispiel 7.3

```
begin comment Matrizenprodukt;
      integer q, r, s;
      read(q, r, s);
      begin integer i, j, k; real p;
            array a[1 : q, 1 : r], b[1 : r, 1 : s],
                  c[1 : q, 1 : s];
            for k := 1 step 1 until q do
               for i := 1 step 1 until r do read(a[k, i]);
            for k := 1 step 1 until r do
               for i := 1 step 1 until s do read(b[k, i]);
            for i := 1 step 1 until q do
               for k := 1 step 1 until s do
               begin p := 0;
                     for j := 1 step 1 until r do
                        p := p + a[i, j] × b[j, k];
                     c[i, k] := p
               end;
            for i := 1 step 1 until q do
               for k := 1 step 1 until s do print(c[i, k])
      end
end
```

Die Eingabe wird im FORTRAN-Programm so organisiert, daß nach jeder Matrixzeile eine neue Lochkarte begonnen wird. Für eine Zeile können bis zu vier Lochkarten verwendet werden:

Beispiel 7.4

```
     INTEGER Q, R, S
     DIMENSION A(40, 40), B(40, 40), C(40, 40)
     READ (50,7) Q, R, S
7    FORMAT (3 (I2,X))
     DO 1 K = 1, Q
1    READ(50, 2) (A(K, I), I = 1, R)
```

```
2     FORMAT (10F8.4)
      DO 3 K = 1, R
3     READ (50, 2) (B(K, I), I = 1, S)
      DO 4 I = 1, Q
      DO 4 K = 1, S
      P = 0
      DO 5 J = 1, R
5     P = P + A(I, J) * B(J, K)
4     C(I, K) = P
      DO 6 I = 1, Q
6     WRITE (51, 2) (C(I, K), K = 1, S)
      END
```

7.3 Quadratische Gleichung

Als Lösungen der quadratischen Gleichung

$$a x^2 + b x + c = 0$$

erhält man

$$x_{1,2} = -\frac{b}{2a} \pm \frac{1}{2a}\sqrt{b^2 - 4ac}\ ,$$

falls $a \neq 0$ ist. Im Falle $a = 0$ liegt eine lineare Gleichung vor:

$$b x + c = 0.$$

Man erhält dann

$$x = -\frac{c}{b}.$$

Ist auch $b = 0$, so ist lediglich zu entscheiden, ob $c = 0$ gilt oder nicht.

Die Lösungen seien u, v, x und y, wobei im allgemeinsten Fall v und y die imaginären und u und x die reellen Anteile darstellen. Das Programm hat dann folgendes Aussehen:

Beispiel 7.5

```
begin integer i, n; real a, b, c, u, v, x, y, D, W, Q;
      read(n);
```

```
for i := 1 step 1 until n do
begin read(a, b, c); print(a, b, c);
      if a = 0 then go to Linear;
      D := b ↑ 2 − 4 × a × c;
      W := sqrt(abs(D)); Q := 2 × a;
      u := x := − b/Q; v := W/Q; y := − v;
      if D ≧ 0 then
      begin u := u + v; x := x + y;
            v := y := 0
      end; print(u, v, x, y); go to Ende;
Linear: if b = 0 then go to Konstant;
        x := − c/b; print(x); go to Ende;
Konstant: if c = 0 then write('Identitaet')
                   else write('Widerspruch');
Ende:
end
end
```

Das FORTRAN-Programm unterscheidet sich nicht in der Vorgehensweise:

Beispiel 7.6

```
      READ (50, 1) N
  1   FORMAT (I4)
      DO 2 I = 1, N
      READ (50, 3) A, B, C
  3   FORMAT (4F8.4)
      WRITE (51, 3) A, B, C
      IF (A) 4, 5, 4
  4   D = B**2 − 4.0*A*C
      W = SQRT(ABS(D))
      Q = 2.0*A
      U = − B/Q
      X = U
      V = W/Q
```

```
      Y = - V
      IF (D) 6, 7, 7
 7    U = U + V
      X = X + Y
      V = 0
      Y = 0
 6    WRITE (51, 3) U, V, X, Y
      GOTO 8
 5    IF (B) 9, 10, 9
 9    X = - C/B
      WRITE (51, 3) X
      GOTO 8
10    IF (C) 11, 12, 11
12    WRITE (51, 13)
13    FORMAT (11H␣ IDENTITAET)
      GOTO 8
11    WRITE (51, 14)
14    FORMAT (12H␣ WIDERSPRUCH)
 8    CONTINUE
      END
```

7.4 Newtonsches Iterationsverfahren zur Berechnung der Kubikwurzel

Die Kubikwurzel aus einer Zahl a läßt sich mit Hilfe des Newtonschen Iterationsverfahrens

$$x_{j+1} = x_j - \frac{f(x_j)}{f'(x_j)} \qquad (j = 1, 2, 3, \ldots)$$

berechnen, wenn man

$$f(x) = x^3 - a$$

$$f'(x) = 3x^2$$

$$x_{j+1} = x_j - \frac{x_j^3 - a}{3x_j^2} = \frac{2x_j + \frac{a}{x_j^2}}{3}$$

setzt. Das Verfahren konvergiert mit jedem von 0 verschiedenen Startwert. Damit während der einzelnen Iterationsschritte keine zu großen oder zu kleinen Zahlenwerte auftreten, nehmen wir eine Transformation vor, so daß a in der Nähe von 1 liegt. In dem folgenden Programm wird daher eine Zahl h gesucht, so daß

$$\frac{1}{4} \leq \left|\frac{a}{2^{3h}}\right| < 2$$

erfüllt ist. Dann bekommen wir als Ergebnis

$$W = \sqrt[3]{a} = 2^h \cdot \sqrt[3]{\frac{a}{2^{3h}}}$$

Um diese Transformation durchzuführen, wird a fortlaufend mit $2^3 = 8$ multipliziert bzw. durch 8 dividiert, bis a in dem angegebenen Bereich liegt. Dabei zählt h die Schritte.

Als Startwert benutzen wir a selbst. Die Iteration wird abgebrochen, wenn sich x_{j+1}/x_j nur noch um weniger als *eps* von 1 unterscheidet.

Beispiel 7.7

```
begin comment Kubikwurzel;
      real a, x0, x1, W, eps; integer i, s, h;
      read(a, eps);
      if a = 0 then
      begin W := 0; go to AUS end;
      h := 0;
      for i := 1 while abs(a) < 0.25 do
      begin a := a × 8; h := h − 1 end;
      for i := 1 while abs(a) ≧ 2 do
      begin a := a/8; h := h + 1 end;
      x0 := a;
      for x1 := (2 × x0 + a/x0 ↑ 2)/3
           while abs(x1/x0 − 1) ≧ eps, x1
      do x0 := x1;
```

```
   W := x0 × 2 ↑ h;
AUS: print(W)
end
```

Da bei ordnungsgemäßer Beendigung einer Laufanweisung die Laufvariable nicht mehr zur Verfügung steht, kann i nicht zum Zählen der Schrittzahl benutzt werden. Es wird zusätzlich h eingeführt. Aus dem gleichen Grund muß in der Laufanweisung für x1 als zweites Listenelement x1 angegeben werden, da sonst x0 den vorletzten Wert der Iteration behält.

Im FORTRAN-Programm müssen die bequemen while-Anweisungen durch andere Hilfsmittel ersetzt werden:

Beispiel 7.8

```
     INTEGER H
     READ (50, 1) A, EPS
 1   FORMAT (2F8.4)
     IF (A) 2, 3, 2
 3   W = 0
     GOTO 4
 2   H = 0
 7   IF (ABS(A) – 0.25) 5, 6, 6
 5   A = A * 8.0
     H = H – 1
     GOTO 7
 6   IF (ABS(A) – 2.0) 8, 9, 9
 9   A = A/8.0
     H = H + 1
     GOTO 6
 8   X0 = A
     X1 = (2.0 * X0 + A/X0 ** 2)/3.0
12   IF (ABS(X1/X0 – 1.0) – EPS) 10, 11, 11
11   X0 = X1
     GOTO 12
```

```
10  IF (H) 13, 4, 14
13  W = X1/2.0 ** (— H)
    GOTO 4
14  W = X1 * 2.0 ** H
 4  WRITE (51, 1) W
    END
```

Die Abfrage in der Anweisung 10 ist nötig, weil bei FORTRAN die Anweisung W = X1 * 2.0 ** H für negatives H den Wert 0 liefert (vgl. 3.1.7).

7.5 Größter gemeinschaftlicher Teiler

Nach dem Euklidischen Algorithmus ist der GGT zweier positiver Zahlen a und b gleich dem GGT von b und dem Rest r, der sich bei Division von a durch b ergibt:

$$a = b\,x + r$$
$$\mathrm{GGT}(a, b) = \mathrm{GGT}(b, r),$$

solange der Rest noch nicht 0 ist. Der Rest errechnet sich aus

$$r = a - b\left[\frac{a}{b}\right].$$

Im Programm betrachten wir n Zahlen und berechnen deren GGT:

Beispiel 7.9

```
begin integer i, n, x, y;
      integer procedure GGT(a, b);
      value a, b; integer a, b;
      GGT := if b = 0 then a
                else GGT(b, a — a ÷ b × b);
      read(n, y);
      for i := 1 step 1 until n — 1 do
      begin read(x);
```

```
            y := GGT(x, y)
        end;
        print(y)
end
```

Die Funktion GGT läßt sich auch als nichtrekursive Prozedur schreiben:

Beispiel 7.10

```
    integer procedure GGT(a, b);
    value a, b; integer a, b;
    begin integer r;
            if b ≠ 0 then
            begin for r := a − a ÷ b × b while r ≠ 0 do
                    begin a := b; b := r end
            end else b := a;
            GGT := b
    end
```

Eine rekursive Prozedur ist in FORTRAN nicht möglich, so daß wir die zweite Fassung übertragen:

Beispiel 7.11

```
      INTEGER X, Y
      READ (50, 1) N, Y
1     FORMAT (2I12)
      DO 2 I = 2, N
      READ (50, 1) X
      Y = GGT(X, Y)
2     WRITE (51, 1) Y
      END
      INTEGER FUNCTION GGT(A, B)
      INTEGER A, B, R
      I = A
      J = B
      IF (J) 5, 6, 5
```

```
5   R = I - I/J * J
    IF (R) 7, 8, 7
7   I = J
    J = R
    GOTO 5
6   J = I
8   GGT = J
    END
```

Die Einführung von I und J im Unterprogramm ist nötig, weil FORTRAN die Spezifikation **value** nicht kennt.

Sachregister

Wichtige Literatur zur Datenverarbeitung

Einführung in die Datenverarbeitung von Sebastian Dworatschek. 3. erw. Aufl. Gr.-8°. Mit 266 Bildern, 189 Übungsaufg. und einem Abbildungsanhang. XVI, 371 S. 1970. Geb. DM 24,–. (de Gruyter Lehrbuch)

Aufbau und Arbeitsweise von Compilern von Hans Jürgen Schneider. Gr.-8°. Etwa 160 S. 1971. Etwa DM 28,–. In Vorbereitung.

Digitalrechner in technischen Prozessen von Helmut Hotes. Gr.-8°. IV, 313 S. Mit zahlr. Abb. 1967. Geb. DM 48,–.

Die automatisierte, elektronische Datenverarbeitung und ihre Bedeutung für die Unternehmensleitung. Von Andreas Diemer. 2. überarb. u. erw. Aufl. Gr.-8°. 249 S. Mit 37 Abb. u. zahlr. Tab., Ablaufdiagr. u. Beisp. 1968. Geb. DM 34,–.

Einführung in die Programmierung digitaler Rechenautomaten von Fritz Rudolf Güntsch u. Hans Jürgen Schneider. 3. Aufl. Gr.-8°. Mit 3 Taf. u. vielen Textabb. Etwa 388 S. 1970. In Vorbereitung.

Digitale Rechenautomaten. Eine Einführung von Rainer Klar. Mit 75 Abb., 19 Tab. u. 37 Beisp. 205 S. DM 5,80. (Sammlung Göschen Band 1241/1241a)

Einführung in das Programmieren von Georg Bayer. Gr.-8°. Teil 1: Programmieren in ALGOL. Mit 26 Abb., 172 S. 1969. DM 12,–. Teil 2: Programmieren in einer Assemblersprache. 132 S. 1970. DM 12,–. (de Gruyter Lehrbuch)

Einführung in das Programmieren in FORTRAN von Wolfgang Spiess u. Friedrich Georg Rheingans. Gr.-8°. 2. Aufl. Etwa 210 S. 1970. DM 14,– (de Gruyter Lehrbuch)

Walter de Gruyter & Co · Berlin